U0903459

浙江省社会科学界联合会
2016 年社科普及课题成果

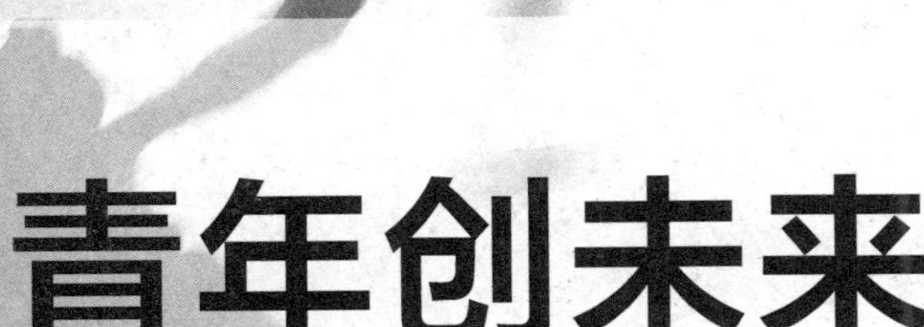

青年创未来

给青年人的 9 堂创业精神课

丁爱侠　俞金波　但　旺　著

华东师范大学出版社

图书在版编目(CIP)数据

青年创未来：给青年人的9堂创业精神课/丁爱侠，俞金波，但旺著. —上海：华东师范大学出版社，2018
ISBN 978-7-5675-8256-9

Ⅰ.①青… Ⅱ.①丁…②俞…③但… Ⅲ.①大学生—创业 Ⅳ.①G647.38

中国版本图书馆CIP数据核字(2018)第204833号

青年创未来

给青年人的9堂创业精神课

著　　者　丁爱侠　俞金波　但　旺
责任编辑　刘　佳
审读编辑　林青荻
责任校对　孙彤彤
版式设计　刘怡霖
封面设计　卢晓红

出版发行　华东师范大学出版社
社　　址　上海市中山北路3663号　邮编200062
网　　址　www.ecnupress.com.cn
电　　话　021-60821666　行政传真021-62572105
客服电话　021-62865537　门市(邮购)电话021-62869887
地　　址　上海市中山北路3663号华东师范大学校内先锋路口
网　　店　http://hdsdcbs.tmall.com

印 刷 者　常熟市文化印刷有限公司
开　　本　787×1092　16开
印　　张　12.25
字　　数　148千字
版　　次　2019年1月第1版
印　　次　2019年1月第1次
书　　号　ISBN 978-7-5675-8256-9/G·11442
定　　价　49.00元

出 版 人　王　焰

(如发现本版图书有印订质量问题，请寄回本社客服中心调换或电话021-62865537联系)

目 录
contents

/ 第五课 /

自　序

“这是最好的时代，也是最坏的时代。”这是狄更斯《双城记》的开篇第一句话。搬过来，套用到大学生创业中：“这是创业的时代，群雄逐鹿，繁星闪耀。如果你有创业精神并且相信它，这就是创业最好的时代；如果你只是跟在别人的后面，等着创业的风把你自己和猪一起吹上天，这就是创业最坏的时代。”

我，70后。30年前，我读小学，妈妈每次问我：“你长大了想做什么呀？”我总是毫不犹豫地回答：“卖电影票。”那个时候的我觉得天底下最幸福的人就是可以免费看电影的人。放电影，我不一定会，但卖卖票、找找零钱对于我来说，肯定是可以轻松应付的。所以，我理所当然地把电影售票员当成自己的职业理想。妈妈警告我说：“卖电影票也不错，就是要小心，算错账，要挨骂的。”后来，我辗转做了一名教师，自己没觉得怎么满意，倒是妈妈很高兴：“当老师好，风吹不着，雨打不着，渴不着，饿不着，多好。”

我儿子，00后，读小学。我问他：“你长大了想做什么呀？”儿子非常肯定地回答：“开饭店，当老板。”我虽然没有期望他能说出“当科学家”之类的崇高理想，但当个饭店小老板还是让我多少有点失望。于是，我决定启发他一下：“有没有尝试做个飞行员啊？”小家伙丝毫不领情：“还是开饭店好，整天吃好吃的，还不用自己做。妈妈你做的菜有点难吃哦。”我有点泄气，还想挖苦他一下：“那还不如当厨师，整天免费品尝菜肴。当老板还要花心思经营。万一搞不好，要赔钱的。”儿子还是不为所动，坚持自己的想法："那还是当老板好，厨师要被老板管的。老板多自由，还有钱赚。赔钱也要当老板，因为只有继续当老板，才能尽快地把赔掉的钱赚回来呀。"

细想想，我骨子里也颇不安分，很多幻想在睡梦里徘徊。人到中年以后，我很想拥有一家自己的小店，卖卖鲜花，卖卖零食。太阳好的时候，坐在门口，闻着花香，晒着太阳，看着小街上或匆忙或悠闲的脚步，脑子里可以思绪万千，也可以空白一片，都是生命中最最美好的时光。然而，这只是我的想象，我一直没有勇气把它变成现实。原因之一，我天生懒惰，事事不喜欢亲历亲为，总想躲在后面瞎出主意，撺掇别人出头当炮灰。原因之二，我先生总在旁边泼冷水："一把年纪瞎折腾什么，还嫌生活不够乱？能安稳活到退休，把公积金、养老金、职业年金统统拿到手就谢天谢地了。万一身体折腾出什么毛病来，花钱还不算，最重要的是没有人伺候你。"

在课堂上，看着大学生因为创业激情飞扬的面孔，我瞬间顿悟：创业是有地域差异的，创业是需要一点精神的。

我，出生于苏北的一个小县城。该县以矿产丰富和劳务输出著称，年轻人一旦找不到理想的工作，便选择出国务工，在国外打拼几年后回家买房买车。我先生则出生在四川农村，自幼生活贫穷但很安逸，最常见的就是几个人端个碗凑在一起，蹲在地上边吃边摆龙门阵。一碗饭就能见证太阳落山，月亮升起。那里的年轻人出路只有两条，要么好好读书，找份安稳的工作，跳出农家；要么背上行囊到东南沿海等大城市打工，在城市里蹉跎一生。

而和我一起读大学的浙江同学则完全不一样，他们像极了良渚之玉，坚毅温润，常常在多重性格之间游走，而且能够像大自然中的植物感知气温变化一样，敏锐地感知到时代的变化，经常能够以创新和批判的姿态站在创业的潮头。尽管他们家庭经济情况远比我们好，但他们还是乐于折腾。男生女生搞代理，卖东西，办培训班，个个乐此不疲，一学年做过十多种工作的同学不在少数。还有一位男同学上课的时候不是在冥思苦想，就是在发呆，老师和同学都笑话他要出家。后来居然成了养生大师，他的养生馆几乎开遍国内所有的大城市。

再看看自己，一声叹息；但看看儿子，希望满满；再看看讲台下一张张充满朝气的脸，内心便又澎湃起来。创业不只是我们身边的一幕幕演出，而是一种特殊的血液，在我们身体内游走，使每个细胞都充满能量，跃跃欲试。做人最重要的是精神，创业最关键的因素也是精神。有了创业精神，创业就是一种寻常的生活态势：寻一个地方，安静下来，让梦想自由呼吸。

在创业的历史长河中，每一个璀璨的明星背后一定站着成千上万默默无闻的人；一段创业佳话诞生的同时，太多太多微不足道、平淡无奇的奋斗故事也发生着。他们没有想象中那般成功，也没有经历吃不上饭的困顿；他们没有机会在聚光灯下侃侃而谈，也没有空闲光着膀子唱响《春天里》；他们对于未来没有长远的规划，只是在每一张画满标记的台历前忙碌。创业的日子过得尤其快，昼夜交替，夏花冬雪。创业者的生命虽然短暂，却如烟花般璀璨美丽；创业者的故事虽然平淡，却如心脏般鲜活有力。我努力用安静的文字记录下他们创业生活的点滴，为读者展现他们的独特气息和思想韵味。

创业的人无疑是孤独的，不得已经常要用自己的左手来温暖右手。而文字是有温度的，它可以温暖创业者的双手和心灵。当然，文字还可以记录生活，感悟人生，思考社会。希望本书出版后，自己也能追随梦想，在创业的道路上行走歌唱。算是给自己一个交代，给儿子一个榜样。

最后借大诗人李白那首名诗《行路难·其一》中的句子勉励大学生们和自己：

行路难！行路难！多歧路，今安在？

长风破浪会有时，直挂云帆济沧海。

是为序。

丁爱侠于宁波大学

2018 年 3 月 10 日

前　言

“大众创业，万众创新。”

我们生活在这样一个创业的时代，一个创新的时代，一个激情与灵感激荡、理想与创造融合的时代。习近平总书记号召：“全社会都要重视和支持青年创新创业，提供更有利的条件，搭建更广阔的舞台，让广大青年在创新创业中焕发出更加夺目的青春光彩。”①自从 2014 年这个堪称中国创业元年到来以后，创业对于大学生来讲，已经不单单是通过个人奋斗改变自己命运的途径，而是与我国社会主义经济发展休戚与共。90 后创业者已经异军突起，以独特的姿态宣告他们开始融入世界，在书写自己人生华章的同时，也会在我国创业历史画卷上留下浓墨重彩的一笔。

精神的沙漠开不出创业的花朵，创业精神是创业活动的肥沃土壤。我国社会主义经济和社会发展的信心来源于中国精神深植民心，特别是民众的创业精神如春天大地上的野草生生不息。自古以来，我国人多地少，工业基础薄弱，市场资源短缺，但江河湖海孕育了中国人的创业精神。中国人聪明能干、吃苦耐劳，敢冒风险，敢为人先，让世界惊叹。虽然封建王朝为了专制统治，长期闭关

① 中国共产党第十八届中央委员会第五次全体会议. 中共中央关于制定国民经济和社会发展第十三个五年规划的建议[A/OL].(2015－11－03)[2017－09－10]. http://www.xinhuanet.com/fortune/2015－11/03/c－1117027676.htm.

锁国，重农抑商，但仍然诞生了山西商帮、徽州商帮、陕西商帮、山东商帮、福建商帮、洞庭商帮、广东（珠三角和潮汕）商帮、江右商帮、龙游商帮、宁波商帮等十大著名商帮，他们走南闯北，将流淌在中国人血液中的创业精神传遍世界的每个角落。可以说，哪里有商机，哪里就有中国人，哪里就有中国人的创业精神。

斗转星移，新中国成立之初，尽管经济结构简单、物质基础薄弱，但自下而上的创业活动从来不曾停歇。改革开放以后，创业的春风吹皱水面，在民众的心里泛起层层涟漪。他们在经济发展大潮中敢为人先、百折不挠，用创业实际行动诠释了独特的创业精神，展示了创业文化的博大精深。虽然创业者群体不断更迭，有人离开，又有新鲜血液加入，但他们的创业精神却亘古未变，历久弥新。在浓厚的创业文化氛围中，新一代创业人从小就能接触到关于创业的知识、经验和各种信息，在父辈们创业成功的示范和激励下，自然会主动投身到创业中去。年轻的大学生在创业中焕发出来的奋发向上的精神气质顺应了时代发展的潮流，符合社会主义市场经济和社会发展对于人的精神素质的客观要求，已经成为全国乃至全球创业活动的精神动力。

我国建设“大众创业，万众创新”社会的基础在于培养大量富有创新创业发展想象力的年轻人才，因为改革开放以后第一代创业者正在面临退休和代际传承的问题。据《2016中国私营企业调查报告》，我国私营企业老板平均年龄为43.4岁，未来的10年至15年间，近80%的民营企业将逐步进入老一辈企业家向子女交班的时间节点。创一代向创二代的转型问题，不仅是企业家关心的家事，也是社会需要研究和解决的重要课题。一些民营企业家在上世纪末本世纪初开始关注、思考下一代接班的问题，有的已经顺利完成“父传子”的权力更替，如鲁冠球之子鲁伟鼎接任万向集团总裁，徐文荣之子徐文安接任横店集团总裁，徐传化之子徐冠巨接任传化集团董事长，楼忠福之子楼明接任广厦建设集团董事长，茅理翔之子茅忠群接任方太厨具公司总经理。还有相当数量的企业家不放心把企业交给他们的大学生子女，不是感觉孩子们的知识不如自己，而是担心孩子们的创业精神和创业意识还不足以承担起家族企业发展的重任。

创业活动是个人和社会系统共同作用的过程，创业者在创业过程中不断适应、改造和构建社会环境，而社会环境也同时影响和塑造着创业者。创业的结果存在极大的未知性，创业者无法事先预料并提前做好准备。所以，创业精神是创业者最宝贵的精神财富，是创业者最坚实的思想靠山，更是激励创业者继续前行的不竭动力。在创业过程中，虽然创业活动贯穿了社会历史发展和人类进步的全过程，创业精神也深深地打上了历史的烙印，但创业精神更是紧跟社会发展的脚步在不断地演变和发展，这是一种对时代发展潮流的反映和把握，具有鲜明的时代特征。创业精神作为一种积极的思想观念和精神状态，对个人的发展和社会经济的发展具有一定的推动作用。

大学生是国家的栋梁，是国家的希望。岳飞在《满江红》中写道："三十功名尘与土，八千里路云和月。莫等闲，白了少年头，空悲切。"梁启超在《少年中国说》中大声疾呼："少年智则国智，少年富则国富，少年强则国强，少年独立则国独立，少年自由则国自由，少年进步则国进步，少年胜于欧洲，则国胜于欧洲，少年雄于地球，则国雄于地球。"创业有助于大学生完善人格，从白手起家的豪情万丈，到遇到挫折的迷茫和无助，再到享受成果的欢欣鼓舞，大学生全过程领略创业道路上的坎坷与起伏，体会不同时期创业的苦恼与快乐。一路走来，大学生的创业精神得到升华，这种精神不仅能让自己受用一生，还会影响和激励千千万万的年轻人。大学生创业的本质是大学生通过创业活动实现自己的人生价值和社会价值，大学生成功创业的前提是大学生具备良好的创业素质，在创业过程中展现和塑造创业精神。

用大学生创业文化熏陶大学生，用大学生创业经验鼓舞大学生，用大学生创业精神激励大学生，在全国高校中形成共同的精神认同和文化认同，吸引更多的大学生积极投身到创业的洪流中来，汇聚成坚不可摧的社会凝聚力，推动社会共同进步。这是本书的目标，也是作者的期望。本书中有创业名人的思想火花和商业智慧，但更多的是像你我一样的小人物。他们在创业中或成功，或失败，或坚定，或彷徨。就是这般痛并快乐着，一步一步，艰难前行。这正是大学生最真实的创业生活，一段激情谱写的青葱岁月。

别人走过的路，自己重复走，或许没有意义。但读读同为年轻人的创业故事，学习一下他们的思维方式和创业智慧，无论你是否对创业感兴趣，都将大有裨益。

/ 第一课 /

向左走向右走——当代大学生的创业选择

第一节

错过一次至少要等十年

改革开放以来,我国先后经历了四次创业大潮,每一次都给青年人创业留下了宝贵的财富。从“野火烧不尽,春风吹又生”的第一次个体户创业时代,到如今“好雨知时节,当春乃发生”的全民创业时代,我们的生活发生了翻天覆地的变化。细细数来,大概每隔 10 年,我国就会出现一次大的创业浪潮。历史清晰地告诉我们,创业必须时不我待,只争朝夕,错过一次好机会,至少就要再等十年。

第一次,1979—1989 年,个体户行走江湖。20 世纪 80 年代改革开放初期个体户、乡镇企业式的创业潮中靠买卖商品赚取差价的个体户曾是集万千宠爱于一身的创业明星。“傻子瓜子”年广久、著名厂长马胜利等人都是这次大潮中的弄潮儿。当然,当年也有很多的创业者已经随着岁月的流逝而悄无声息了。

“文化大革命”结束之后,800 万知青返城,就业成为社会问题。机关单位安置能力有限,很多返城知青只能靠“练摊”维持生计。摆地摊、理发、修鞋、磨刀、卖小吃等都是他们在生存压力下被迫从事的行业,虽然不够体面,但解决温饱也绰绰有余。再加上知青们受过一定的文化教育,头脑更加灵活,小生意做起来也是有声有色,很多人甚至一不留神便成为了企业家。为缓解就业压力,1979 年 2 月,中共中央、国务院批转了第一个有关发展个体经济的报告,允许“各地可根据市场需要，在取得有关业务主管部门同意后，批准一些有正式户口的闲散劳动力从事修理、服务和手工业者个体劳动”。1980 年温州以卖纽扣为生的章华妹成为第一个拿到个体工商户营业执照的人。

第二次，1992—1997 年，全民下海创业。个体户出现以后，市场经济迅速席卷全国。从 20 世纪 80 年代末、90 年代初开始，全国掀起一股全民下海经商潮，“下海”成了一个社会热词。1992 年初，中国改革开放总设计师邓小平南巡时指出计划和市场都是经济手段，明确提出“三个有利于”标准。“南巡”讲话进一步打破了人们的思想禁锢，激发人们跳出体制，投身市场经济之海的热情。在这次创业大潮中，政府官员和知识分子是主力，据人社部数据显示，仅 1992 年就有 12 万公务员辞职下海，1 000 多万公务员停薪留职。这次创业大潮退潮后活下来的有万科、联想等大企业。这一代的创业者中，诞生了俞敏洪、郭广昌、王传福等后来的业界大佬，而他们所创办的企业也逐渐成长为奠定中国经济竞争力的基石。

第三次，1997—2000 年，互联网创业时代翩然而至。20 世纪 90 年代末，互联网时代涌现出的各种网络经营式的创业潮。阿里巴巴、百度、腾讯等互联网企业同期诞生，直到今天，仍在不断发展创新，影响着世界。20 世纪末，经济体制的变革让人们逐渐解决了温饱问题，而互联网科技的发展却改变了人们的生活方式。1997 年开启了中国的互联网元年，中国互联网络信息中心（CNNIC）曾在 1997 年 12 月 1 日发布第一次《中国互联网络发展状况统计报告》，报告指出全国共有联网计算机 29. 9 万台，上网用户数 62 万。从那时候起到现在，该中心每半年就发布一次互联网发展报告。尽管经历了 2000 年互联网泡沫的惨烈溃败，互联网时代前进的步伐并未减缓。百度、腾讯、阿里巴巴正是在这一时期迅速崛起，成为中国新兴经济的代表。而其所代表的互联网，将在未来以“颠覆一切”的形象，改变着整个中国的经济结构。

第四次，2014 年至今，大众创业势不可挡。2014 年，我国经济进入“新常态”，新经济环境下政府和市场共同催生了大众创业潮。这轮创业潮席卷了社会各个阶层，创业者年龄分布更加广泛，其中 85 后到 90 后的大学生创业群体开始主宰世界。

与前三次创业潮相比，这次创业潮水更大，来势更汹，席卷面更大，大学生参与热情更高。所谓“总理都喊你来创业”，总理想和你喝咖啡，聊创业，你还坐得住？依托国家创业环境的改变，现在我国每天有一万多家企业注册，平均每分钟就会诞生7家公司。当然，技术创新是第四次创业浪潮的标志性LOGO，互联网时代开始进入移动互联网时代，手机安装的任何一个APP可能就是刚刚诞生的一家创业公司。阿里巴巴的马云在汉诺威展上靠刷脸完成了支付，惊艳全球，而提供这项技术支持的同样是一家年轻的创业公司。清华三少年杨沐、印奇、唐文斌创建的旷视科技公司被马云选中成为阿里巴巴的战略合作伙伴，成功地为支付宝开发了人脸识别模块，影响了全球。

“旧时王谢堂前燕，飞入寻常百姓家”。当前，创业的门槛越来越低，用不到一件衣服的钱就可以在北京中关村创业大街找到一个工位，坐上一个月。大学生为主体的创业时代真的来临了。

第二节

大学生创业风险低于打工风险

也许有人会说，创业风险大，生活比较紧张，打工压力小，生活相对从容。也有人用大数据来证明创业者需要承担的巨大风险，因为有统计数据表明新创立的企业5年存活率只有5%左右，大学生企业应该还要低些。为此，一些老师和家长都会拿这个数字来给一心要创业的大学生泼冷水，很多大学生也为此犹豫不决。实际上，这明显就是个伪命题。5%五年存活率的数字不假，但认真算来，世上哪行哪业没有风险，具体比较哪一行的风险更高，的确是个复杂的课题。就拿打工来说，大数据同样表明，大学生毕业后一般每2—3年就会选择辞职，有的另谋高就，有的在家啃老。100个打工者中工作5年以上只剩3个左右选择留在原单位，也就是说，3%的打工者初次就业相对满意。而在留原单位发展的100个打工者中，只有5个经过5—10年甚至更长时间的工作历练才能有机会当上中层管理人员。如此比较，那些认为创业的风险大于打工的说法的确是站不住脚的。相反，打工者不断就业、辞职，再就业、再辞职，工作的风险和生活的压力要比创业者大。

而且，创业者首次创业失败后往往从自身找原因，同时知道下一次再遇到相似的问题时如何解决，虽然创业失败，但收获了经验和勇气。而打工者总是把辞职的原因归结于老板、公司、社会，甚至命运，以后再遇到类似的问题还是只能辞职，得到的除了满腹怨气就是自怨自艾。

此外，创业者在创业失败后，通常会选择二次创业，很少会放弃创业的梦想去打工。2017 年 1 月浙江青年创业学院发布了《浙江省青年双创 2016 年度蓝皮书》，调查了浙江 500 个年龄在 40 岁以下的创业者样本，本科及以上学历占了 87%，其中研究生以上占了 31%。36%是初次创业，连续创业两次以上的占 64%。当然，也有个别创业者为了生计或暂时的困难暂时打工一段时间，但这只是短暂的休整。最后，那些初次创业失败者还是会义无反顾再次创业，而且二次创业或多次创业的成功率会越来越高，这也是很多投资人更加青睐有失败经历的创业者的原因。与此相反，辞职后的打工者却有很大一部分放弃打工的念头，转而选择创业。这也从另外一个侧面说明，就一个人的抗风险能力和收益来看，年轻人打工的风险其实要高于创业。

实际上，三百六十行，行行有风险，也行行出状元。创业和打工的风险高低，不同的人有不同的感受。但是，总体看来，在这个全民创业的时代，创业的风险要低于打工者，毕竟创业者是领头的狮子，打工者充其量是只跟在别人身后的羊，狮子获得的食物一般要比羊多，毕竟，羊把狮子打败在草原上也只是小概率事件。众所周知，新一代大学生和他们的前辈相比，有着明显的不同。他们在网络时代里成长，是大人眼中狂妄和叛逆的一代。他们经常口出狂言、特立独行、蔑视成规，永远都不想在创业的舞台上跑龙套、演配角，而是希望整个天下都是自己的舞台，一生都活在聚光灯下，自己就是人生的主角。大学生们有闯劲，有梦想，虽然或多或少有一点浮躁，有时候也会有点脆弱，但从来不会怀疑自己、怀疑目标。他们选择创业也不是因为创业赚钱多，风险低，而是因为创业是一种积极的生活态度，代表着年轻人的勇气和梦想。

第三节

大学生创业从来不需要理由

创业不需要理由，就像恋爱不需要理由一样，只有不敢创业的人才拼命寻找各种借口和理由，因为他们害怕别人瞧不起自己。那些还没开始做，就想着有可能失败的人，一定会失败。其实，很多事情都是自己想出来的，你想的事情根本不存在，但你就是要去想，结果越想越害怕，最后选择放弃。为了安慰自己，就一直在找理由。

理由之一是没有钱。大学生从小到大一直在学校里学习，不曾赚过一碗粥钱，总是希望大学毕业后找份工作养活自己，不再伸手向父母讨钱。如果创业，还是需要父母出钱资助，于心不忍。虽然政府有各级各类的创业补贴，但僧多粥少，落到自己口袋里估计也没几块钱。创业是有钱人的事情，没钱的人先要打工赚钱，等到钱足够多，再想创业。

理由之二是没有经验。经验的确是创业的一个条件，但不是必要条件。而且经验是靠积累的，首次工作的人，不仅是创业的人，打工的人在刚接触工作的时候也都是没有经验的。所谓的经验就是你经历过一件事情之后，做得好的方法记下来，下次继续用，没做好的地方也记下来，下次改正。什么事情都没开始做，哪里来的经验？经验又不是什么武林秘籍，可遇不可求，做了经验就有了，做多了经验就丰富了，这就是“做中学”的道理。

理由之三是没有人脉。人脉和经验一样，是靠平日里积累的。大学生需要做的就是真诚地对待身边所有的人，老师、学长、同学、朋友，或许这些人当前对你的创业帮助不大，但他们在未来很有可能成为自己创业的优质资源。而且，社会就是一张大网，也许你认识的人帮不了你，但他们认识的人中却有可能是你需要结交，对你的事业有所帮助的人。所以，善待每一个人就有可能有更多的人善待你，帮助你，你的创业之路也会平坦许多。

理由之四是父母反对。父母反对孩子创业不错，但父母反对的理由不是担心创业失败的风险，而是不相信孩子有勇气有能力创业。就像你读高中的时候成绩平平却和父母说想考北大清华，父母不相信一样，因为你的成绩在那里摆着。如果想让父母支持你创业，就要把创业的信心和能力展示出来，调查市场、设计项目，而不是仅仅在口头上表决心。实际上，以父母反对作为放弃创业理由的大学生是自己打心眼里不想或不敢创业，父母只是一个不错的借口。试想，从小到大，你做过多少父母反对的事情？父母让你多吃蔬菜，少吃肉，父母反对你早恋，父母反对你打游戏，你都听进去了吗？你都照做了吗？

理由之五是现在还不是创业的最好时机。创业的时机因时而异，因人而异，本无好坏之分。每一天，甚至每分钟，都有人开始创业，都有人赚到钱，也有人放弃创业。就像股市，牛市的时候仍然有人赔钱要跳楼，熊市的时候也有人赚得盆满钵满。发现并抓住的时机就是好时机，对于一直观望的人，永远没有好时机出现。对于大学生而言，年轻就是最好的时机，现在就是最好的时机。大学生年纪轻轻，暂时还没有孩子要养，父母也还能自食其力，有很多的时间可以尝试，有足够机会可以试错。

除了上述的五条，肯定还有成千上万、各种各类的理由，其实这些理由都是刻意找出来的借口。借口从来都不是个褒义词，借口就像个眼罩，戴上以后前方的路统统看不到。找借口就像吸毒，很容易上瘾，找一个就想找第二个、第三个，找得多就成为了习惯。到后来遇到事情的时候，借口根本就不用找，自动往脑袋里和嘴里蹦。对于某些人来说，找借口也有好处，轻松，又不用费脑子，不用承担责任。因此，很多年轻人更愿意找借口。可是，结果是借口找到了，梦想却走远了。

所以，梦想和借口从来不在一个方向。选择了借口，就放弃了梦想。反过来，追逐梦想，就要果断丢掉借口。

/ 第二课 /

想创——浙江大学生胸怀创业小宇宙

第一节

春风吹过，创业梦想开始破土发芽

人的一生就像一段木头，可以遇火熊熊燃烧，也可以在泥土中慢慢腐烂。哈佛校长在给 2008 届本科生的毕业演讲中建议："先到你想去的地方，然后再到你应该去的地方。"大学生希望自己的人生在创业的道路上散发出耀眼的光芒，就需要时刻呵护心中创业的火苗。大学生追随心中的梦想就可以，不用强迫自己理性思考，世界上的事情没有什么是应该的，人生的道路也没有哪一条是应该选择的。想走就走，想做就做，身随心动就是最完美的决定。

想不起来什么时候在网上看到一则书法家王徽之的故事：王徽之住在浙江山阴的时候，一天夜里，突降大雪。他半夜醒来，推开窗户，四望皎然。赏雪吟诗间突然想起自己的好朋友雕刻家戴逵。戴逵这时候住在几十里外的剡县。王徽之不顾天寒路遥，乘船溯江而上。翌日，抵达戴家后，王徽之没有敲门，而是转身对随从说："我们回去吧。"随从问："既然来了，怎么不进去呢？"王徽之答："乘兴而行，兴尽而返，何必见戴？"

在浙江，马云的创业传奇故事正激励着越来越多的大学生投入到创业的洪流中。马云曾不止一次说过："人可以十天不喝水，七八天不吃饭，两分钟不呼吸，但不能失去一分钟梦想。没有梦想比贫穷更可怕，因为这代表着对未来没有希望。

有梦想就不在乎被别人骂，知道自己做什么，最后才会坚持下去。”

虽然，当前大学校园中创业已经成为舆论时尚，但绝大部分的大学生还是把创业放在嘴上，揣在心里，藏在梦里。真正勇敢跨出创业第一步的人并不多，而且其中还包括很大一部分试水的人，他们只想经历一下，体验一下创业的快乐，或者是为找工作积累社会经验。他们没开始就已经想好上岸的路，找份体面轻松的工作才是他们的目标。他们放弃后给出的理由是创业不是人人都适合的，自己既没有聪明的头脑，也不精通创业知识，更没有那种泰山崩于前而面不改色的超强定力和大无畏的英雄气概。而且创业是门技术，就像跑步一样，人人都会跑，但真正跑出名堂，跑进国家队，在体育圈内扬名立万的人屈指可数。事实的确如此，国内大学生“创业艰难百战多”。全国大学生创业成功率只有 1%左右，浙江大学生创业的成功率在全国各省区市当中是最高的，大概在 4%左右，然而对比全世界 10%左右的平均创业成功率差距还十分明显。中关村每年成立成千上万家公司，但三年后还开着的不到 3%。[①] 所以，很多年轻人认为创业是英雄们的生活，自己并不适合创业。

实际上，种子渴望春天才会破土而出，鲜花迎着太阳才会灿烂怒放，蜜蜂垂涎花蜜才会在花间留连，蜗牛期待前路的风景才会负重缓行。虽然，不是所有的大学生都适合创业的看法也有一定的道理，但是，创业也不是普通人望尘莫及的事业。大部分创业者就是离开田地的农民、下岗的工人、找不到工作的大学生，成功的创业者或许在某一方面胜于普通人，但也不都是那种骨骼清奇，天生就有成功创业基因的人。每一个年轻的创业者，只要虔诚地追随心中的梦想，勇敢前行、不断尝试，早晚能够寻找到属于自己的舞台，并在舞台上和梦想一起翩翩起舞。

① 孙丽华，罗玲云，易明. 成功者之路—苏州工艺美术职业技术学院大学生创业纪实[M]. 苏州：苏州大学出版社，2012:36.

第二节

心有多大，创业的舞台就有多大

著名商人胡雪岩曾经说："如果你拥有一县的眼光，那你可以做一县的生意；如果你拥有一省的眼光，那么你可以做一省的生意；如果你拥有天下的眼光，那么你可以做天下的生意。"过去尚且如此，在21世纪把生意做到太空已经不是什么稀罕事了，重要的是要敢想敢做。

我相信每个人在孩提时代都会有五彩斑斓的梦想，有的想成为拯救全人类的超人；有的想成为富甲一方的有钱人；有的想成为攻克世界各种疑难杂症的科学家。因为梦想的存在，我们的童年充满快乐，我们的生活充满希望，而且很多人也实现了或者正在接近他们儿时的梦想。我就记得我小时候的梦想是成为作家，把自己歪歪扭扭的钢笔字变成工工整整的铅块字，拿着稿费高高兴兴买上一堆糖果。几十年的光阴一晃而过，虽然我还没有成为作家，但我一直没有放弃对于文字的喜爱，诗歌、散文、科普论文我都在写，几十块、几百块、几千块的稿费也都收到过，这点钱虽然不够养活自己，但买买糖果也绰绰有余了。最关键的是这是梦想带给自己的快乐，梦想感动了我，征服了我，我会调动起自己所有的能量为之奋斗。虽然，很有可能我在有生之年都不能成为"家"级的人物，但我一直在努力，只要生命一天不停止，我就努力一天。这样，我就离梦想更近了一点儿，不是吗？

英雄不问出身，义军首领陈胜曾向命运发问："王侯将相宁有种乎？"创业也是一样，每个人只要拥有一颗创业的雄心，自己就一定能成为创业的英雄。要知道，惠普和苹果也是从车库创业起步的。如今，创业的春风一直吹个不停，谁又能说不会再有更多的乔布斯式的人物横空出世呢？谁又知道明天的自己会不会成为乔布斯式的人物呢？

20 年前，如果有人告诉你，他要把生意做到北京天安门上，你一定认为他是想赚钱想疯了。但温州人范鸣强就是那么说的，最后还做成功了。20 世纪 90 年代末，范鸣强和很多人一样，带着妻子和孩子慕名到天安门城楼游览。凭着温州人骨子里特有的生意眼光，他发现当时的天安门城楼虽然对外开放了，游人也很多，但却感觉空空荡荡的，似乎缺少些什么。一瞬间，一个大胆的想法产生了："可不可以在这里开一家马列书店呢？店内的设计风格就以国旗的红、黄两色为主色调，来的人一定都非常感兴趣，因为从天安门上带回家的书更加珍贵。"回到家后，范鸣强把自己打算到天安门城楼开书店的想法和朋友们一说，招来反对声一片。大家一致认为，天安门是北京的标志性建筑，是祖国的象征，是供游人观光瞻仰的地方，不可能随随便便允许你一个平头小百姓上去做生意。面对周围人的一致反对，范鸣强不仅没有改变主意，反而更加坚定了自己的想法："越是不可能的地方，越是有广阔的商机。一旦将不可能变成可能，我就可以取得巨大的成功。"

于是，新中国成立 50 周年的 1999 年到来了，也是马克思主义传入中国 100 周年，范鸣强感觉时机到来了。他拿着早已做好的策划案独自一人找到天安门城楼管理处。出乎所有人的意料，管理员在认真看完他的策划案后，丝毫没有犹豫，立即同意了。于是，范鸣强是在天安门和天安门城楼做生意的第一人。[①] 创业者的心有多大，梦想就有多大，成功就有多大。这是范鸣强给所有创业者的启示。

① 郭敏. 创造自我，追求无我——李嘉诚的经商哲学[M]. 北京：中华工商联合出版社，2015：121.

第三节

创业因梦想而伟大

人生因为梦想而伟大，生命因为梦想而不朽。创业始于梦想，梦想成就事业，创业因梦想而伟大。也许创业者走向成功需要方方面面、多种多样的因素，天时、地利、人和，缺一不可。但其中最重要的就是心中的那灿烂无比的创业梦想。梦想是人们对于美好事物的憧憬与渴望，年轻人的梦想美好璀璨、独一无二。尽管有时候看起来或许不太真实，但却深深地烙在人的脑海中，而且总会在不经意间跳出来，让人激动不已，催人奋进。法国帕斯卡曾经说过："人，不过是一棵苇草，是自然界最脆弱的东西。但他是一根会思想、有梦想的苇草。"

梦想不是在人一出生时就有的，它是在人不断学习、不断经历中悄悄发芽、慢慢生长的。没有哪个大学生没有梦想，只不过一些人的梦想在生活的压力下渐渐冬眠。只有那些怀揣梦想、相信梦想，并持之以恒为梦想付诸行动的人才能最终实现梦想。正如俞敏洪所说的那样："一块砖没有什么用，一堆砖也没有什么用，如果你心中没有一个造房子的梦想，拥有天下所有的砖头也是一堆废物。"

一个人从决定开始创业的那一刻起，就要用最大的声音向全世界大胆地喊出自己的梦想。不要介意别人异样的眼光，不要顾忌周围说三道四的评论，因为梦想是天底下最崇高的东西，每个人都会因为拥有梦想而伟大，因为拥有梦想而与众不同。走上创业征程的时候，要不断地把你的梦想告诉你的团队，让那些和你一起奋斗的人为了你的梦想而不是为了你个人去拼命工作。梦想一开始是创业发起人的，但后来一定是大家的梦想，身边所有人共同的梦想。

塞勒斯·威斯特·菲尔德(Field, Cyrus West, 1819-1892)被历史记住的原因不是他年轻时拥有的巨额财富，而是他对于铺设海底电缆的梦想。菲尔德决定铺设一条横跨大西洋、联结欧美两大洲海底电缆时不仅对电学一无所知，也从没有看见过电缆。但是他把科学技术应用当成自己的梦想，为了这个梦想，他不仅花费了个人前期积累的所有钱财，而且经历了一系列重大的打击和考验。第一次，铺设电缆的机器出了意外故障，电缆从绞盘滑落海中，无从寻找；第二次，罕见的风暴毁坏了船上的电缆；第三次，电缆铺设成功，但因为电机功率过低等原因，电缆在短暂工作后出现故障；第四次，电缆在到达前两天突然断裂。面对人们的怀疑、嘲笑和愤怒，菲尔德不以为意，坚持自己的梦想，坚信自己一定会成功。于是，在1866年他终于把美国和欧洲大陆用电讯信号连了起来。后来，菲尔德又把建造高架铁路作为自己的梦想，虽然最后没有实现梦想，贫苦而终，但他对梦想矢志不渝的追求精神影响了一代又一代的人。

宁波三生日用品董事长马克强说过："成功的秘诀就是始终保持创业初期的热情与执着，始终铭记自己的目标与梦想，做个永远的创业者。"李嘉诚在谈到自己的从商经历时说："创业之初，你是否有资金无关紧要，重要的是一定要有梦想。梦想是你迎战艰难、屡败屡战的精神动力。"

姚春梅是浙江万里学院2009届物流专业毕业生，如今已是一个在当地颇有名气的农场主了。读大学的时候，姚春梅就和同学一起办过一家小公司，而且收入还不错，但为了农场主的梦想，毕业后还是承包了鄞州洞桥的庙准山，义无反顾地向着儿时的梦想奔去。小时候，姚春梅的童年就在田间度过，父母在地里干活，她就在田间地头玩耍，长大后从事农业生产的梦想已经悄悄地在她心里播下了种子。美国电视剧中农场那种自由自在的生活深深地吸引着她，也促使她下定决心要过农场主的生活。

姚春梅向同学借了30万元，又向银行贷了10万元，便开始种植果园，开始了农场创业的生活。在打理果园的间隙，她还利用自己物流专业知识，成立了鄞州国良果蔬专业合作社，建立了自己的销售网络，周边农户纷纷加入进来。2013年，她的采摘园已经开始接待客人，合作社也渐渐走上了正轨。2015年已经吸收了50多个合作会员，拥有固定客户会员3 000多家，并为农产品注册了“增春”、“甬帮”两个商标。通过规模化经营，大大降低了农户运营成本。2014年，合作社产值达到570万元。

很多人难以理解一个戴眼镜的瘦弱女孩会主动远离城市，上山下地干农活，整日以黝黑的面容示人。但姚春梅说这就是她从小就向往的生活，守着土地，看着植物开花结果，这让她心里既踏实又满足。[①] 是的，幸福或者痛苦只是当事人的一种体验，同样一件事情，不同的人做起来，或者同一个人在不同的心境下做起来，感觉都是不一样的。姚春梅干的是别人眼里又脏又重的粗活，而她却觉得有滋有味，因为她是在实现她儿时以来创业的梦想，她在创业的过程中得到持久的快乐，并对未来充满期待。

① 施忆秋. 鄞州女孩笑做百果园里的休闲“农人”[N]. 东南商报，2015－11－27(05).

第四节

大学生创业梦想是船，激情是帆

所谓“三百六十行，行行出状元。”创业界有“创业神话”，打工族也有“草根英雄。”创业比打工要困难很多，打工只要自己高兴，创业还要让和你有联系的所有人都高兴。打工族是“背靠大树好乘凉”，创业者只好“光溜溜暴晒在沙滩上。”

创业梦想是大学生创业活动的精神载体和力量源泉，是大学生世界观、人生观和价值观在创业中的体现。梦想一旦形成，便会在很长的一段时间内影响和制约创业活动。大学生有了清晰的创业梦想才能对社会创业环境进行认真的分析与判断，才能对创业的意识和行为进行适当的调节。

创业本身就是一种职业，而且随着国内创业环境的不断完善，选择创业的大学生会越来越多，甚至在不久的将来有可能会成为大学毕业生首选的就职渠道。每一个决心创业的大学生内心都会有一个真实的创业理由：有的是受到家庭环境的影响；有的大学生是为了创造财富，提高生活质量；有的是找不到理想工作的权宜之计；更多的是受到一些创业神话人物的刺激，怀抱成功的梦想，希望通过创业实现个人价值；还有的大学生创业是为了体验，或是体验创业成功者的快乐与荣光，或是体验创业的挑战与艰辛，或者只是体验另外一种不同的生活。当前，生活的压力也是大学生走向创业的动力。国内大学连年扩招，每年的大学毕业生犹如过江之鲫，很多人面临着在短时间内找不到满意工作的情况，创业是大学生解决生活压力的无奈选择。大学生为了金钱和财富去创业无可厚非，但是金钱和财富只是创业的结果，绝对不是创业的梦想和目标。如果大学生一味地追求金钱，那他留给社会的形象就只能是个生意人，而不是创业者。那些创新能力很强、渴望自由发展的大学生希望通过创业这个平台来发挥自己的想象力，活出独一无二的自己。不管是因为哪种因素想要创业，在决定走上创业道路之前都需要进行清晰的判断和认真的思考：我的创业梦想是什么？我用什么来把梦想变成现实？

有人说，大学生至少要在大学里谈两场恋爱，青春才会不寂寞。一场是和女同学谈一场轰轰烈烈的恋爱，另一场就是和创业来一场缠绵悱恻的恋爱。如果你对创业充满激情，把创业看成能够和你牵手一生的恋人，你就会把自己口袋里最后一块钱送给它。任何艰难险阻在你眼里都是一种甜蜜的历练，任何一点点的回报在你心里都是巨大的幸福。最重要的是，爱情给予你的快乐会感染你周围的人，别人会开始了解、接受、支持你的事业和梦想，并为你的事业送上祝福。

创业激情能产生动力、灵感和欲望。激情是人的意趣和性情的自然表达，是创意的源泉，也是提升和凝聚人气的途径。在创业场上，激情与创意、活力和成功相伴相生。IT业精英、被大学生推崇的创业英雄王志东在和大学生的一次对话中使用频率最高的词就是“激情”，他认为“创业的首要条件是创业激情”。无独有偶，强强联合的索尼爱立信移动通信公司最看重的也是激情。该公司北京分部招聘员工时，有一些工作经验丰富的应聘者被淘汰的理由就是“缺乏应有的激情，只能按部就班工作，但不适合创业。”日本、欧美很多企业推崇这样的理念：激情产生动力、灵感和创新欲望，没有激情，很难组织起高效的人才队伍。由此联想到当前大学生创业活动起点低、科技和文化含量低、创意不足、低水平重复严重的现实，或许有理由认为，正是激情的缺失或激情的无效释放，导致了这种情形的发生。激情是一种生活的催化剂、创业的兴奋剂，让人始终保持新鲜感，调动周身每个细胞的潜能用于创业。

第五节

以梦为马，不负韶华

生命非常短暂，青春更是稍纵即逝。既然青春的长度我们无法掌控，为什么不能在有限的时间内为青春拓展一点宽度，为生命多积累一些厚度呢？

生命中很多东西错过了就只能错过了，花再多的精力也补不回来，需要我们在合适的时间做合适的事情。不能以为拖几天没什么，世界在变，社会在变，每个人都在变，青春最耽误不起。无论怎么刻意回避，职场上“35岁现象”还是真实地存在着。35岁之前，意气风发，什么事情都敢干，什么事情都能干，即使错了，也还有时间去弥补；35岁之后，迫于生存或生活的压力，很多事情就不能干了，也不敢干了。所以，青春是上天赐予我们勇敢闯荡的资本，我们要珍惜青春，以梦为马，不负韶华。对于普通的大学生来说，用生命中最灿烂的时光来实现自己的梦想是一件最有意义的事情。梦想，如果只是在你睡梦中出现，就会越来越远。如果你抬脚一直向着梦想走，它就会越来越近，甚至近在眼前。

现在是互联网+的时代，也是大学生生活最为丰富多彩的时代，借助互联网把物质和虚拟世界结合起来，商业和创业活动有了更广阔的空间。互联网在改变社会的同时也改变了年轻人的生活。很多浙江大学生意识到自己赶上了一个非常好的创业时代，总理都喊你去创业，如果你再不及时出手的话实在是一种青春的浪费。

或许有一些大学生会担心创业缺乏启动资金，实际上资金问题根本阻挡不住年轻人创业的脚步。特别是普通大学生选择的小微创业的门槛相对较低，1 000元人民币就可以注册一个公司。而且，在当前的创业热潮中，热钱涌动，大学生从事的小微创业很容易得到投资人的支持，不少投资人在准备把钱投给大学生们之前，甚至都懒得搞明白大学生的创业项目是什么，通过什么方式实现盈利，最终能获得怎样的回报，只是冲着大学生身上那种青春无敌、不怕失败的干劲就把钱投了出去。

董钧浩决定休学创业种植有机蔬菜纯属偶然，有一天晚上，寝室卧谈会上又一次提起国内食品安全的时候，6 个人突发奇想，决定发动同学创业，生产有机蔬菜，因为他们都是农学专业的学生，应该为老百姓餐桌的安全尽一份力。说干就干，他们连夜起草了一份“创业宣言”，洋洋洒洒 3000 字，本来是挂在班级群里，没想到一下子火了，帖子被疯狂地转来贴去，同学们纷纷站出来支持他，有钱的出钱，没钱的出力。学院的几位老师还主动提供免费的农业种植技术指导，还有的老师愿意提供部分科研经费，就连学校学生处的老师也主动联系他，愿意在校内实验田免费提供一小块土地。前后不到一个月，董钧浩就募集到启动资金 10 万多元，又在离学校不远的地方租了 5 亩土地。

第一年春天，由于心里没底，董钧浩只敢种了玉米、南瓜、红薯、马铃薯、毛豆等不容易生病虫害的农作物。天气转暖后，又增加了青椒、黄瓜、丝瓜、西红柿等品种。后来，经过校内各种媒体的宣传，没等到秋天收获的季节，田里的东西都被校内的老师订完了。一年下来，虽然钱没有赚多少，但名气却似火箭一般直冲上天，各种电话接得董钧浩手软。看到有机农作物的种植前景广阔，于是，董钧浩经过深思熟虑，并得到学校老师和家长的同意后，决定正式休学创业。几年下来，董钧浩已经成为了有机蔬菜种植专家，什么蔬菜到他手里，都调理得有模有样。扩大种植面积以后，附近一些超市也直接过来订货，田里只要有东西，根本不愁卖。城里一些人还会到董钧浩那里认领一小块土地，交了钱以后，有的自己种，有的交给董钧浩种，他们有时间会自己过来亲手采摘时令鲜蔬，没时间就会打电话预定，董钧浩提供送菜上门服务。天气好的时候，董钧浩的菜园十分热闹，种菜的、看菜的、摘菜的、拍照片的，你来我往，欢声笑语。

董钧浩和他的小伙伴站在一旁，满眼的绿色，满脸的笑容，他们直言："创业中的青春无比珍贵，我们一定会做得更好。"

第六节

现实目标是通向创业梦想的阶梯

创业的道路辛苦漫长，设立一个个比较现实的小目标，可以让未来看起来不那么遥远，过程不那么孤单，就像电脑游戏一样，一关关闯下去，每一关都有不同的挑战，让你兴趣盎然，欲罢不能。所以，大学生创业目标的设立尤为关键，如果没有选对正确的目标，无论怎么努力，最终的结果只能是南辕北辙，创业梦想的实现永远都是空谈。马云说："很多人不是不努力，不是不勤奋，不是没有能力做好，是没有找到自己能够一生用来坚持的方向。"①王通讯曾经说过："凡成功者，凡大有作为者，无不先有目标，再有积累，再有优势，再有突破。"

成功创业的大学生有时候并不是因为创业机遇多么好，创业条件多么好，而往往是创业目标定得好。创业中所谓的成功，就是实现既定的创业目标。所以，创业的目标清晰正确，通向目标的道路才能正确，才不至于"起个大早，赶个晚集。"创业成功者永远都会是那些有目标的人，无论是人生目标还是创业项目、创业方向都是明确的。目标不仅仅是创业者奋斗的方向，更是一种不断向理想迈进的激励和鞭策。有了正确的创业目标，才能投入创业热情、才能专注于对目标的

① 李嘉.哪里有抱怨，哪里既有机会[M].北京：团结出版社，2014：5.

追求，心里才有底气，够踏实。

对于现实目标的重要性，我印象最深刻的是读初中时候的一节体育课。尽管体育老师的名字我记不住了，但老师说的话却让我记住很多年。每每遇到困难，总要翻出来念上一遍。那节体育课是期末测试，要考立定跳远。体育老师事先在地上画好了线，由近及远依次是及格线、70 分线、80 分线、90 分线和 100 分线。我们这些体育困难生跳的时候大都眼睛盯着及格线，但拼尽全力最终还是跳不过及格线。体育老师实在看不下去了，快步走过来擦掉了及格线和 70 分线，严肃地对我们说："目光短浅的人不会有大的成就。你们眼睛最起码要瞄着 80 分线才能跳及格，目标越近，成绩越差。"我们将信将疑，但结果证明老师说的话一点没错，因为后来我们都成功越过了及格线，我还跳了 80 分呢。体育老师的那番话影响了我的一生，生活中经历了无数次大考小考，工作中出现了数不清的困难，我都告诉自己把目标尽可能放得长远，为自己留下进步的空间。大学生创业的目标一定要超过实际能达到的能力才行，因为越难达到的目标才能更大地调动起实现和超越目标的力量。

后来，我为了更大地提高跳远成绩，就在地上只画了 100 分的线，可能是被那条 100 分线吓到了，再怎么努力，成绩都不好，连 60 分都很难达到。所以，目标既不是越近越好，也不是越远越好，而是适合自己的最好。大学生创业充满着未知和变数，必须对创业目标和结果有个合理的预期。既不能刻意拔高目标，欲速则不达，也不能降低目标，小富即安。必须根据自己的挑战精神、创业条件、应变力和意志力等设立合理的目标。

周晓红是我认识的一位很有个性的美容店女老板，人非常瘦小，但精力旺盛，走起路来风风火火，普通人很难跟得上。她 1995 年大学毕业，听从分配回到丽水老家，在一所农村中学担任英语老师。因为家庭经济条件不好，父母身体也不好，下面还有一个弟弟要读书，周晓红只做了两年老师就辞职了。先是在城里推销化妆品，有了点积蓄后就在离家不远的镇子上开了一家化妆品小店。用了不到 20 年的时间，她已经把美容店开到浙江的大小城市，她的下一个目标是把店开遍全国各地。

问及成功的理由，她轻描淡写地说："一步一步向前走，超过一个目标，再设一个目标，很自然就会成为别人眼中的成功人士。当然，我从来不觉得自己很成功，只是像过日子一样，一天一天过去就好。"提起刚毕业时的创业生活，她的眼睛瞬间发光。她说她推销化妆品的时候，自己给自己定下目标，一天要卖出多少份，如果白天卖不完，晚上接着卖，不吃饭，不睡觉。如果吃晚饭前顺利完成目标，就把第二天要完成的目标再增加十份。所以，她很容易就攒下了开店的钱。等到第一家店平稳运行，有些收益的时候，她又筹划开第二家店。问到她把店开遍全国以后的目标，她笑言："谁知道呢？也许到月球去开店也说不准。"

/ 第三课 /

敢创——白手起家写传奇

第一节

敢于摘树梢上的果子

“创”字上面是一个人，下面是一把刀，右边是一口剑，寓意创业就如同在刀光剑影下生活着，勇气和胆略是大学生创业的必要条件。敢于走别人不敢走的路，敢于摘立在树梢最高处的果子，敢于抓住别人不敢触碰的机会，是创业者成功的前提条件。虽然，果树上所有的果实都很甜，在口渴的创业者眼中都是机会，但生长在最高处的果实吸收的日月精华最充足，营养更丰富。人生的道路十分漫长，但重要的往往就是那关键的几步。创业的机会有很多，但改变创业者命运的往往也就是那一两个重要的机会。创业的道路上机会无处不在，比春天花园里的花瓣还要多。创业者需要做的是不要被乱花迷住了眼睛，在众多的机会中间寻找适合自己的大机会。

一些走在创业大路上的大学生说，创业实际上就是在做梦，做一个关乎理想、关乎未来的梦。那么，既然是做梦，干嘛不天马行空，做一个让自己都感到惊喜的梦呢？当梦中的机会出现在我们面前的时候，有的人义无反顾，追梦而去，几年过后，梦想变成了现实，然后又去做更美更大的梦去了。而另外有些人却被大大的机会吓醒了，拍拍胸口，擦擦冷汗，小心翼翼从机会旁边绕过去。当他们看见别人成功的时候，又会一遍一遍地回忆自己当初是如何地接近机会，之所以没抓住机会，原因在于自己不敢，是造化弄人，命中如此。

从某种程度上说，创业是一种冒险。大学生需要做的是敢于做个钱江弄潮儿，敢于第一个张嘴吃螃蟹。站在岸边虽然也能观赏到钱江大潮的汹涌澎湃，但不跳进水中却无法体验到弄潮人与浪共舞的快意与豪迈。创业尽管有风险，但不能只想不做，而要边想边做，在做中想，在想中做。实际上，与默默做成一件事情相比，滔滔不绝地论证做好一件事情要费心费力得多。例如，在选择一个创业项目的时候，勇敢的人是下定决心就做，而胆小的人是东看西问，最后总会发现这个项目的风险很大：资金不足是风险，没有人脉关系是风险，市场不成熟还是风险。所以，在创业的道路上，没有白手起家的勇敢精神注定是走不下去的。

浙江人就是勇敢创业的典型代表，他们不仅头脑灵活，善于经营，而且自古以来，浙江人就敢于自断后路，赤条条"下海"。改革之初，其他地方的人还在争"铁饭碗"、保"铁饭碗"的时候，浙江人却不恋公职，敢于放弃稳定的工作自主创业。许多地方是老板炒打工仔，浙江经常是职工炒掉单位、炒掉领导后创业。所以，浙江经济发展是一种由民间力量推动改革的内生型发展模式。[①] 面对市场，浙江人从来不等、不靠、不要，创业能不能成功，嘴上说了不算，只有动手干起来看看才能知道。所以，浙江人总是能在国内外抢得先机。例如，在南京有名的金桥市场和玉桥市场经营的老板很多都是浙江人，而拥有地利优势的南京本地人却只能眼巴巴地看着家门口的生意被外地人抢走。主要原因在于和浙江人相比，南京本地人的创业意愿不够强烈，缺乏敢于冒险、敢为人先、敢于去摘树梢上果子的创业精神。

---

① 周连成.浙江人的创业精神和创业素质[J].新长征，2008，(6)：60.

第二节

成熟的机会不是机会

现实中很多大学生很容易就会发现很多个创业的机会，但左思右想，又觉得机会还没有成熟，不能冒险去做。而成功的创业者从来不会站在一边等机会成熟，因为成熟的机会已经不再是机会了，至少肯定不是你的机会了。俗话说，“剩在枝头的果子一定不是好果子。”机会是不能等的，条件也不是等别人替你创造的，而是要自己主动去创造条件。如果不趁机会还没有成熟的时候就果断抓住它，机会一定会大摇大摆地从你面前溜走，最终投入别人的怀抱。浙江民间有个有趣的小故事，很有意思。

话说从前舟山有一个年轻的渔民，第一次离开父亲，独自驾船外出捕鱼。他听从父亲的嘱咐，一边摇船一边仔细观察水面上的气泡，一旦发现水面上有很多气泡，水底很有可能会有大鱼群。突然，他发现了一片看起来很像父亲描述的气泡。他立即拿起鱼网准备行动，可刚要撒网的一瞬间，他心里却又开始打鼓了。因为他想还是应该先弄清楚水下到底有没有鱼，否则撒网岂不白费力气？所以，他跳下船潜到水下确定真有鱼群后才慌忙爬上来把网撒下去。可是出乎他的意料，收网后发现鱼网里居然连一条小鱼儿都没有。这个故事看起来是个笑话，但却说明一个浅显的道理，机会稍纵即逝，成熟的机会肯定不是自己的机会。做事情一定要相信自己的判断，大胆尝试，否则机会就会一次一次被浪费掉。

而现实创业过程中很多人很容易犯下类似这样糊涂的错误。

李晓羚大学毕业后在宁波一条步行街上开了一家面店，面店所在的那条街上都是小店铺，人流量比较大，每天的垃圾也比较多。马路斜对面有一个小小的垃圾站，每到夏天刮起东风的时候，难闻的味道总会飘过来。因为面店离垃圾站最近，所以，受到的影响最大。有人善意提醒："您可以联合其他老板共同出资把垃圾站整修一下，或者向上级部门反映下，把垃圾站迁个地方。"李晓羚因为当时刚开始创业，不仅资金有限，而且人生地不熟。所以，她道谢后回答："我一直想弄，可是现在没有多余的钱，和其他店的人又不熟悉，更不可能找市里相关部门来解决这个问题。也许等我们店有些名气后就有能力解决这个问题了。"可是没有等到李晓羚把面店做强、做大，她就不得不结束这里的生意，把面店换到另外一个地方去了。因为整个夏天受到垃圾臭味的影响，店里几乎没有客人，很多人经过这段路的时候都是掩鼻绕行，哪里还有胃口吃面条。

当然，也有一些聪明的创业者，他们不会等到所有条件都成熟，自己能够确定赚钱的时候再出手。当杭州还没有成立专业翻译公司的时候，马云成立了海博翻译社。马云创办中国黄页的时候，办公室是租来的一间房，电脑只有一台，付完房租后只剩下三四千元，连办公用品都买不起，只好把自己家里的家具搬过去。虽然，马云曾经被很多不懂互联网的人骂成是骗子，但他仍然坚信互联网是个巨大的机会，而且一定要走在前面。

仇富军也是善于抓住机会的人。1970 年，仇富军出生于一个普通的农民家庭，1990 年从宁波大学工商经济系毕业后被分配到宁海贸易局担任秘书工作。这在别人的眼中可是一个收入好又体面的好工作。可在仇富军心中这个工作跟自己的性格却并不相符，他不甘心一辈子坐在机关里给别人端茶送水，过着风平浪静的小日子。1995 年，25 岁的仇富军毅然辞职，仅用 1 570 元的资金就跳进了创业的洪流中。同年 5 月他用 600 元购买了 1 台弹簧机开始加工手电筒里的小弹簧，成立了福泰的前身一宁海富泰个体加工厂。1997 年仇富军生产开瓶器赚到了人生的第一个50万。1999年仇富军与其他企业合作开发手电筒新产品又赚到了600万。2000年国内原材料大涨,2001年美国发生"9.11"事件,一时外贸出口形势急转直下,仇富军陷入危机。2001年,仇富军在广交会上听一个韩国客人提起LED手电筒很有市场潜力,他回来调查后发现一个LED手电筒价格在几百甚至几千元,但国内市场上并不多,大部分是进口货,国内只有一些小厂生产。他立即意识到这里面存有一个很大的商机,虽然他的工厂当时并不具备生产LED手电筒的条件,但他果断决定要抓住这个机会,如果等到条件成熟了,机会也就白白失去了。没有场地就租个小地方当厂房,没有工人就拜托亲戚朋友找,不懂技术就拆开别人的产品研究,没有生产设备就想办法自己制造简易的加工设备。2002年工厂开始生产LED手电筒,因为市场上没有其他竞争者,产品非常抢手,获利非常巨大。

多年以后,在回忆当时选择创业的决定时,仇富军自嘲地说:"出身普通的农民家庭希望改变一下自己的命运吧,可能也因为自己性格外向一些,什么都想冲一下,不怕死!"[①]

---

① 宁波大学校友网.伊富军宁波福泰电器有限公司董事长[EB/OL](2015-10-13)[2017-12-01] http://ndxy.nbu.edu.cn/Page/Contents/Index/205?forumid=10.

第三节

创业其实就是一顿自助餐

创业其实就像是吃一顿自助餐，你需要站起来，走到食品面前，自己选择，自己拿回去自己吃。如果你始终不敢动，不敢自己走过去取食物，去和别人交流，而是一直坐在餐桌旁等着别人走过来和你交流，别人拿东西给你吃，你就永远不可能吃饱吃好。因为每个人的口味和喜好都是不一样的，别人按照自己的喜好，或者是把营养价值高的、价格贵的食物搬过来给你吃，却不知道你只喜欢吃清淡的蔬菜。创业也是一样，别人不可能了解你的想法，也不可能替你做决定。如果你在创业中总是等待、犹豫，就等于将决定权交给了别人，而别人的想法肯定和你自己的有差距。所以，只有自己牢牢把握住创业的方向，才会获得自己想要的结果。机会固然重要，但幸运女神永远不会垂青那些守株待兔的人。换句话说，那些始终依靠天上掉馅饼，路上遇到志愿者的创业者永远也不可能成功。

"天行健，君子以自强不息"(《周易・乾卦》)。天体的运行刚健不怠，有梦想，希望做出一番事业的人应该效仿天体，矢志不渝、勇敢向前。我们一代又一代浙江人坦然面对现实，不看老天爷的脸色，不等政府的政策，不靠别人援助，不向他人讨要，硬是凭着一腔追求幸福生活的热血，闯出了一条由民间力量自下而上的内生型发展道路。不看、不等、不靠、不要，自信、自主、自立、自强；创业者就是靠这种精神在创业的自助餐上吃得饱、吃得好。

20世纪80年代以前，工作只有好坏之分，到了现在大学生面临的问题是工作有没有的问题。大学里激昂文字的“天子骄子”如今变成了四处投简历的“下锅饺子”。不愿意与他人分享工作蛋糕，最好的选择是自己动手做一个更大、更好的蛋糕；不高兴与他人一起挤就业的独木桥，最好的选择是自己动脑筋架一座更加宽阔的桥供需要的人通过。

年轻人通常会有很多的创意，但很少的人会在创意产生之后就去执行它。创业不是靠计划和创意就能实现的，而是需要创业的人“现在、立刻、马上”踏踏实实干出来的。如果你有了创意，找到自己心仪的项目，就可以把自己当成一匹千里马了。特别是在当前的创业大潮中，最不缺的就是伯乐。即使那些专业的投资人没有选中你的项目，也不需要担心，众筹会帮助解决你的资金问题。当前，国内形形色色的众筹平台后面挤着像树林一样密集的手，手里的钞票有多有少。只等你亮出名头，成千上万的资金就会迅速流入你的账户。北京中关村大街日均孵化创业企业1.6家，每天平均就有1家企业获得融资，平均每家融资500万元。特别是在自媒体时代，人人手中都有麦克风，人人都可以拥有自己的演讲角，下面看得见、看不见的观众数量众多。而大学生正是熟练运用自媒体技术的群体，只要他们有话要讲，有事要做，剩下的就留给时间了。

创业就是一顿自助餐，只要你勇敢站起来，什么都可以拿到。

对待创业要像母亲对待刚出生的婴儿一样，调动起所有的热情和能量，亲力亲为，把所有的心思都放在上面。所谓“人本柔弱，创业则刚”，主动创业的人，自带一种热血沸腾、敢打敢拼、无坚不摧的气质。

第四节

大学生要敢于扑腾

敢于试水，敢于跳进创业的大河里上下“扑腾”是大学生的创业优势。青春只有一次，对于青春正年少的大学生来说，实在没有什么好害怕的，更没有什么不能做到的。跳到水里，只要能够克服怕水的心理，就一定能够学会游泳。俗话说，“淹死的都是会水的”，对于刚开始学游泳的人，虽然呛水是经常遇到的事，但很少会被淹死。创业也是一样，只要你喜欢创业，敢于创业，就不会出现“被水淹死”的小概率事件，很有可能你会像鱼儿一样自由自在。

徐小平曾经鼓励创业者说：“创业者怕什么，反正你烧的是我的钱。”大学生只要有一颗敢于创业的勇敢的心，用心享受创业的过程，就不会有失败。一个人从来都不往水里跳，怎么知道自己会不会游泳呢？同样的道理，大学生如果不行动起来，创业只会一直停留在嘴巴上，怎么知道自己适不适合创业，自己有没有能力创业，自己的项目市场欢不欢迎呢？

年轻的大学生在风华正茂的年纪多多经历风浪，不仅对自己的人生，甚至对下一代的人生都大有裨益。和做人的失败不同，创业的“失败”只能算做另外一种成功，因为它让你成功学到那些从其他途径学不到的宝贵经历。美国商界流传一句话，一个人如果从来没有破产过，只能说明他就是一个小人物；如果经历过一次破产，他很可能是个失败者；如果经历过三次破产，那他就完全可能在商场上战无不胜。我国古来就有“凤凰涅槃，浴火重生”的美丽传说，传说中的天方国有一对神鸟，雄的叫凤，雌的叫凰。凤凰满五百岁后就会集香木自焚。经过烈火的煎熬和考验，在熊熊大火中诞生新的生命，从此性灵异常，不再死亡。烈火中烧不死的鸟是凤凰，创业大潮中淹不死的人才是勇敢的弄潮儿。正视成功、不惧失败，跟着自己的心走，朝着自己的梦想走，创业的生活就一定是快乐的、多姿多彩的。

刘志云就是我教过的学生中最敢“扑腾”的一个。读大学的时候她就对创业特别感兴趣，一有时间就跑市场，到处调研，她对于在学校周围，甚至市区的市场都非常了解，知道什么时间在什么地方干什么最赚钱。她在大学期间什么都敢做，什么都愿意去做。她的老家在甘肃，每年暑假她都留在学校里，一方面为了省来回的路费，另外一方面也是想了解宁波，积累工作经验，为毕业后在宁波谋生做好准备。她卖过烤猪蹄、烤玉米，推销过奶茶、方便面、卫生巾；开过快递店、彩票店，只要是能做的生意她都乐于尝试。而且在经营过程中她都注意细心观察，学习周围同类商户的经营情况，并详细记录自己在商品材料采购、食材制作、推销过程中的各个细节，总结成功的经验，分析存在的问题。

经过在创业大河中多年的“扑腾”，刘志云不仅学会了“游泳”，而且“越游越轻松，越游越有趣”。毕业以后，她和几个志同道合的同学一起在学校旁边开了一家咖啡书吧，主要面向准备参加各种考证、考编的大学生群体。他们可以带着书来，也可以翻阅店主精心挑选的书籍资料，在大大的落地窗前端一杯浓香的咖啡，手指划过书页，坐上一整天。书看得累了，还可以隔着玻璃欣赏窗外变幻的风景以及熙熙攘攘的人群，岁月宁静而美好。我曾经笑着问她：“你以前忙得脚不沾地，现在怎么倒安静下来了？”她安静地回答：“其实，我以前爱折腾是为了能像今天这样暂时不折腾。不过，也许哪天我坐不住了，又会跳起来折腾呢。”

创业是一条大河。现在，学校里像刘志云这样敢在创业大河中“扑腾”的学生越来越多了，他们对于从来没有趟过的河水不仅不惧怕，还会充满期待，期待无限的自由和满满的收获。

第五节

大学生的自信来源于拥有一颗大心脏

自信是所有创业者成功的基础。一个优秀的运动员必须要拥有一颗大心脏，才能在关键的时候挽救自己、挽救球队。一个优秀的创业人同样也需要有强大的内心，内心是否强大决定了创业者是否具有超强的自信，自信往往决定了创业最终的成功与失败。

19 世纪俄国小说家屠格涅夫说过："先相信你自己，别人才会相信你。"古罗马诗人维吉尔也说："他们做得到，是因为他们认为他们做得到。"此外，法国作家大仲马也说过："自信和希望是青年的特权。"大学生和其他社会群体相比，最明显的优势就是年轻和自信，年轻不怕失败，自信可以战胜一切困难。

创业不同于替别人打工，听从领导和上司的指挥，认真落实即可，创业者很多的事情都要靠自己拿主意，因此，创业者需要建立起更多的自信。马云决定做互联网的时候，召集了 24 个朋友到家里商量。尽管他的演讲充满激情，但听过以后，24 个朋友中 23 个明确表示反对，只有 1 个觉得可以试试看。但马云并没有在别人的一片反对声中放弃自己的想法，否定自己的主意，而是更加坚定自己的梦想，并且马上行动起来，因为互联网商机瞬息万变，不会有太多的时间让他来收集资料和全面评估。要想抢在别人前面抓住机会，很多时候，创业负责人都需要在最短的时间内根据少量已知的资料和以往的经验做出最合理的决定，这时候自信最重要。那些总是犹豫不决，不敢自信地做出决策的人并不适合创业，也许替别人打工更适合他们。

此外，走在创业路上的人无疑是孤独的，痛苦的，总会经历一些不愉快的事情，如被人欺骗、资金短缺、客户跑路、人才被挖等。几乎每一个创业者都经历过九死一生的日子，只不过其他人只看到创业者表面的光环，创业的痛苦只有创业者自己慢慢消化。创业者在路上，内心的孤独和沮丧，只有自己和内心对话，要创业，就必须有一颗强大的内心，不能有一颗一碰就碎的玻璃心。

面对各种各样的压力，大心脏的人把自己看作一棵大树，只把压力当作一阵风吹过，吹动的只是枝条，粗壮的树干和庞大的根系支撑自己不会倾斜。而玻璃心的人却只当自己是随风舞动的枝条，总担心下一分钟自己身处何地。2018 年 1 月 24 日，年仅 35 岁的 80 后创业明星茅侃侃在住所处自杀身亡。茅侃侃曾经和汽车之家的李想、风云资本的高燃、天使投资的戴志康等人一并被称为 80 后创业四大榜样。在 2011 年出版的《在那西天取经的路上》的序言中，茅侃侃写到：“创业这件事情对于大家来说，看起来很美，做起来很苦，实现起来挺难，虽然，我们前赴后继。”茅侃侃曾在其自传《像恋爱一样去工作》一书中披露，2007 年时他患便上了严重的抑郁症，随着抑郁症的加深，几乎无法正常睡眠。

/ 第四课 /

苦创——白天当老板,夜里睡地板

第一节

创业中痛苦和快乐如影随形

“创”这个汉字看起来很有意思：左边是个“仓”，代表资本或资源；右边是把刀，意即大刀阔斧。而且，依照金文的写法，“创”很像一个躺倒在地的人，手上和脚上都有小竖，表示身上伤痕累累。“创”字似乎从诞生那天起就给年轻的创业者许多启示：创业不是一件容易的事情，不仅需要一定的本钱和资源，还要披荆斩棘，带着一身的伤痛勇敢向前。

印度诗人泰戈尔在其散文诗《萤火虫》中浅浅吟唱：“天空中不曾留下翅膀的痕迹，但我已然飞过(I leave no trace of wings in the air, but I am glad I have had my flight.)。”从某种意义上说，创业者和诗中的萤火虫十分相似，虽然发出的只是微小的光亮，但却是它们小小的身躯所能迸发出的所有能量。也许，它们只是照亮了自己，并没有照亮周围的世界，但它们依然紧紧地把握住了短短的生命，用尽全身所有的力量飞翔。

毋庸置疑，创业是个艰苦的过程。如果你感觉到累，那就说明你在走上坡路，适应了这种累，就是成功的开始。创业最终的成败大学生或许无法预料，但创业的苦和累是一定存在的。鲁冠球说：“好企业都是磨练出来的。”马云在谈到创业的艰辛时说，他和阿里巴巴每天的痛苦和郁闷都远远超过了快乐。但是他每天都把痛苦当作快乐，每天都在痛苦中煎熬，每天都不断与痛苦做斗争。硅谷资深创业者本·霍洛维茨在回顾自己的创业生活时说："在担任 CEO 的 8 年多时间里，只有 3 天是顺境，剩下的 8 年几乎全是举步维艰。"创业道路的艰辛没有亲身经历过的人是绝对体会不到的，一个站着的成功创业者的身后一定倒下了一大批的人。创业就像电影"2012 世界末日"中的诺亚方舟，只会有少数的幸运儿能够登上，飞向成功的地方，绝大部分的人只能留下来继续挣扎。据统计，美国中小企业中大约有 68％的企业在创业开始后 5 年内就会倒闭，能够生存 6—10 年的中小企业只有 19％，可以生存 10 年以上的企业只有 13％。2004 年我国创业公司的平均存活周期是 3.7 年，2011 年下降到 2.9 年。截至 2015 年底，我国实有企业 7 746.9 万户，其中 2 015 年新增 1 479.8 万户。存续时间 5 年以下的企业 652.77 万户，占企业总量的 49.4％。大学生创业 5 年内的存活率只有 30％。

如果把创业比作茶，那苦荆茶一定最为合适。苦荆茶树形似荆棘、味苦，富含丰富的有机物，当茶饮时，极度耐泡，饮时先苦后甘、口感清醇，越苦回味越甘凉，使人心旷神怡。如果把创业比作酒，那一定是苦艾酒，时刻提醒创业者创业有荣光的时候，也有苦涩的时候。绿色的液体看起来那么纯净，充满着诱惑，富有生活的诗情画意，但却有轻微的致幻作用，长期饮用会影响身体健康。

马云曾经说过："面对各种无法控制的变化，真正的创业者必须懂得用乐观和主动的心态去拥抱。当然，变化往往是痛苦的，但机会往往在适应变化的痛苦中获得。这么多年来，我已经历了很多的痛苦，所以，我不在乎后面的痛苦会有多么的痛，反正来一个我灭一个。"而且，创业中的痛苦并不会因为创业者的不断成功有所减退，相反，成功与痛苦在很多情况下是呈正比例上升的。得到的越多，越是成功，痛苦就越明显。只不过，这种痛苦只有创业者能够体会，局外人看不到，也不能亲身体会。世界上那些被外界冠以"成功"的创业者大多并不承认自己是成功者，更不清楚自己成功的原因。说自己成功的人通常都是不了解自己的局外人，因为他们只看见社会媒体报道中那些闪亮的头衔、巨大的财富数字以及与各界名流合影的光彩瞬间。他们看不到创业过程中企业遇到的一次次困难，负责人在应对各种危机时经历的种种焦急和痛苦。

第二节

勤奋是打开创业之门的密码

有人说，成功是一把梯子，需要手脚并用地往上爬，双手插在口袋里的人是爬不上去的。在树桩旁捡到一只撞死兔子的故事在创业圈内不是没有发生过，但继续守在旁边等待更多兔子送上来的人就会成为笑谈。偶然的一次好运气对于创业者来说只不过是上帝对于自己勤奋的奖赏，好运气只能带来短暂的成功，如果一味依赖好运气，到头来只能是鸡飞蛋打一场空。

勤奋对于创业者来说，尤其宝贵。当然，人生中的勤奋不仅仅是指肢体的勤奋，更主要的是精神上的勤奋，是永不止步的恒久，是百折不挠的顽强。有一个流传广泛的小故事，读来发人深省。有好事者去问寺庙中整日敲木鱼念经的老和尚："为什么念经时要敲木鱼呢?"和尚答："名为敲鱼，实则敲人。"那人又问："那为什么选择鱼，而不是猪呀、羊呀、鸡呀等其他动物呢?"和尚笑了："鱼儿是世间最勤快的动物，整日睁着眼，游来游去，寻找食物。鱼儿尚需时时敲打，何况懒惰的人呢?"

懒惰的人也许可以通过其他途径成为亿万富翁，比如继承了巨额财产，再比如中了头等彩票，但决不可能成为成功的创业者。换句话说，天底下的创业者都是勤奋的人，有的人身体勤奋，有的人思想勤奋，更多的人是两者兼备。大学生创业大多没有良好的平台支撑，也不容易得到那些稀缺资源，更不会有人把机会送到眼前，如果不想在创业的大潮中被水淹死，就一定要艰苦奋斗。俗话说勤能补拙，在别人喝茶、健身的时候创业者也要努力工作，不放弃一点可以利用的时间，这样才能尽可能缩小与同行竞争对手的差异，在激烈的市场竞争中如愿分得一杯羹。

大学生创业的道路荆棘丛生，懒惰的人根本无法越过。懒惰是一种习惯，是一种心理上的厌倦，身体上的懒惰容易克服，但思想上的惰性很难克服。懒惰表现在创业者身上就是不思进取，该做的事情不想去做，满足于已有的创业状态，不愿意超越过去。很多大学生刚开始创业的时候雄心万丈、热情爆表，大脑二十四小时不停歇地思考，什么脏活、累活、求人的活都愿意做。但当公司进入稳定期后，很多人就会慢慢地进入创业瓶颈期，做什么事情都提不起兴趣，思想上越来越懒惰。不愿意认真、透彻地思考问题，喜欢草率地下结论、做决定。当其他人提出反对意见或挑战时，不愿意仔细聆听，很容易不假思索地加以反驳和否决。

此外，创业者最危险的懒惰现象是经常轻信所谓的“心腹”，对他们的意见不加甄别地采纳，放任自己的思维被引导。很多因此失败的创业者得出的教训是“不该看走了眼，信错了人，”或者是“被某某人骗了。”其实，他们失败的根源在于自己不勤奋、不思考、不学习。别人之所以能成功骗到你，你之所以会被别人的表象所迷惑，全是因为你思想上的懒惰，既没有仔细读懂人，也没有认真做好事。

财富是一分一毛积累起来的，大学生创业通常没有雄厚的资金支持，通过勤奋积累资金尤其重要。台湾的经营之神王永庆是在世界华人中是数一数二的人物，勤奋也是他的成功秘诀。王永庆卖米的故事感动了一代又一代的创业者。虽然时代在变，创业群体也在变，但勤奋创业的精神从来没有改变。

王永庆用从他父亲那里借来的 200 元钱做本金自己开了一家小米店。为了比隔壁一家日本米店卖得好，他想了很多办法。首先，他不怕费工费时，卖米前都要仔细地把大米里的米糠、沙粒、小石头等杂物一一拣出。虽然，总重量有所下降，但由于省去了顾客回去淘米的时间，吸引到更多的人，销售量一下子就上去了，赚的钱要比别人多许多。其次，王永庆发现很多人家没有时间到店里买米，还有一些人家是妇女和老人买米做饭，米又比较重，所以米店就提供送米上门服务，深受客户欢迎。而且，他给顾客送米时，并非送到就算，而是要帮客户将米倒进米缸里。如果米缸里之前还有米，他就先把陈米倒出来，将米缸刷干净，然后再将新米倒进去，将陈米放在一边，方便先吃掉陈米。这样，米就不至于因陈放过久而变质。再次，王永庆卖米还允许赊账。他在一个小本子上详细记录了顾客家有多少人、一个月吃多少米、什么时候发薪水等。如果估摸着哪家的米该吃完了，就主动送米上门。若顾客没有现钱，就等到顾客发薪的日子再上门收取米款。就这样，他的生意越来越好，越做越大，一直做到台湾工业界的"龙头老大"。

王永庆的成功在于他的勤奋，不仅手脚勤快，服务态度好，乐意送货到门，更重要的是他在思想上更加勤奋。平日勤于思考，细心揣摩顾客的心理和需要，认真考虑自己如何做才能更好地满足顾客的需要。特别是现在，社会已经进入自媒体时代和大数据时代，信息交换越来越迅速，网络和大数据极大地拉近了人与人之间的地理距离，同类产品之间的差距越来越小，只能靠服务的提升来吸引客户。创业者只有勤动手，勤动脑，自己辛苦多跑一点，多想一点，才能让客户方便一点，也才能多赚一点。如果顾客只是满意你的产品，而不满意你的服务，他们马上就可以从别的地方得到相同或更好的产品和服务，那你的企业就会在市场竞争中败下阵来，你的事业就不可能有更好的发展。大学生创业者一定要充分考虑到互联网时代市场竞争的残酷性，做一个勤劳的人，勤学习、勤动脑，把所有的心思都用到提高产品的质量和服务上。

第三节

努力永远不会没有用

下面列出的两组数学等式非常有意思。第一组如下：

$$1.01^{365} = 37.8$$

$$0.99^{365} = 0.03$$

这组算式表明在一年的365天里每一天只要比自己现在多努力一点点，即使多努力0.01，就可以积跬步以至千里。但如果每一天都松懈一点点，哪怕只少努力0.01，人生就会变成一个小小的小数。

第二组数学等式如下：

$$0.98^{365} = 0.0006$$

$$1.02^{365} = 1377.4$$

从第二组算式可以看出，在一年365天里，你只要比别人稍微多努力一点点，一年下来，别人就会被你远远地甩在后面。如果在你生命的每一天里都坚持比别人多努力一点点，那么别人甚至连你的项背也望不到了。

当前，总是会有一些大学生习惯于用怀疑的眼光看待努力，认为努力是没有用的，甚至还有点傻。这个社会只适合有关系、有权力的人，自己努力一辈子，不如有关系的人敲敲键盘，动动嘴唇。自己像只蚂蚁一样终日辛苦劳作，不仅没有人偶然瞄你一眼，甚至有时候还会被踩上一脚。事实并非如此，人世间所有的东西，包括财富、权力、关系都和知识一样，有一个长期积累的过程。那些现在看起来后台硬、关系网四通八达的人，也需要一定时间的积累。即使有些人自己没有经历过这个积累过程，是从家人那里拿来的。但他的爸爸妈妈，或者爷爷奶奶们也是需要前期努力积累的。正所谓"前人栽树，后人乘凉。"毕竟第一次买彩票就中的人据统计要比遇到车祸的几率还要低。所以，只要努力就是有意义的，不管是对自己，对家人朋友，还是对社会，努力过总会留下印迹，努力过的成果总会有人看到。即使努力过，却没有成功，那些失败的教训也是一笔宝贵的财富。

大家都知道大发明家爱迪生在发明电灯泡之前，曾经试用过很多种材料制作灯丝，也失败过很多次。身边的人也曾劝他放弃，但爱迪生认为每失败一次，自己的信心就增加一倍，离成功也就更近一步。因为，每一次的失败就能证明一种材料不适合做灯丝，这样，找出适合材料的机会就更大了。努力过了，试验过了，都会对人生产生积极的作用。

约翰·H·约翰森是美国《黑人文摘》的创始人，拥有3家无线电台和一家出版公司，但他的创业之路并不平坦。他大学毕业后由于找工作处处碰壁，决定拿母亲一套贵重家具抵押贷款来的钱创办一份杂志。一年后，杂志取得了成功，除了赎回母亲的家具外，还赚了为数不小的一笔钱。但是，金融危机让他遭受了灭顶之灾，吃饭都成了问题。没办法，他只得一边以捡破烂为生，一边着手重新组建公司。几年后，他的杂志终于又起来了，而且越做越大。可是由于公司内部的一点小矛盾，数位股东突然撤资，他的事业再一次跌入谷底。"妈，这次我真的是失败了。"他蜷缩在母亲的怀里，泪流满面。"你努力过了吗？"妈妈问。"是的，但已经没用了。"他回答说。"不，努力永远不会没有用，孩子，如果每次失败后你都选择坚持，那最后肯定不会是失败。"妈妈说。在妈妈的鼓舞下，后来，他果然使自己的杂志社成了当地发行量最大的一家。①

① 文若愚.职场的启示[J].现代阅读.2014,(6):79.

1993年李众星从温州大学土木工程系毕业以后进入市政府成了一名公务员，收入比较稳定。当时，温州商品房改革正在进行中，李众星在父母的资助下买了一套50平米的婚房。在给新房装修的过程中，他发现温州家装市场刚刚兴起，管理秩序非常混乱，很多农民第一天脱下带泥巴的鞋子第二天就到城里开起了装潢公司。李众星敏锐地发现家装市场是块大肥肉，于是，他不顾家人和女朋友的反对，辞职后开了一家星语装饰公司，设计、施工和服务一条龙。公司花大钱聘请了两名专业设计人员，希望能够提高家装的品味。可是，由于当时商品房建造的时候没有充分考虑到住户的差异化需求，房间、门窗、厨房、卫生间基本都已弄好，再加上当时老百姓对家装设计还没有什么概念，一般就是铺个地板，买买家具、电器就可以入住了。很少有人肯花钱、花功夫请他们装修，路边随便招呼几个泥瓦工就可以搞定。所以，李众星的公司开张3个月里门可罗雀，就连上门咨询的人都没有。一时间，房租、工资把李众星压得透不过气来。家人朋友一再要求他关门大吉，李众星依然坚持自己的眼光，坚信高品味的家装市场潜力巨大。为了宣传自己的公司，他每个周末都到人流量大的街道和小区做宣传，还把自己的新房做样品展示，并承诺所有承接的房子免费设计。慢慢地，有人开始进店咨询。为了打消顾客的顾虑，公司与客户签订责任书，承诺房子10年保修。如果在3年内房子因为装修出现了问题，公司免费维修，并退还相应款项。他们把每一套房屋都当成艺术品对待，精心设计、认真选材、细致施工，确保用户满意。在所有人的不懈努力下，李众星的公司从借钱付房租到开出第2家分店只用了不到2年的时间。

第四节

创业者成功的秘密是坚持

荀子说："锲而舍之，朽木不折；锲而不舍，金石可镂"（《荀子·劝学》）。苏轼在《晁错论》中说："古之立大事者，不惟有超世之才，亦必有坚韧不拔之志"。毛泽东说："苟有恒，何必三更起五更眠；最无益，只怕一日曝十日寒。"

世界上不存在连续失败的创业者，只有不停追求成功的创业者。从统计学上讲，虽然创业成功算是小概率事件，但若有更多的人更多次地尝试，创业成功的事件必然是大量存在的。

创业如逆水行舟，不进则退。只有奋勇前行，才能激流勇进。创业的大学生最不缺乏的就是激情，但激情很容易被骨感的现实消磨殆尽。而且将激情击退的往往不是那些不常见的重大难题，而是那些如空气中灰尘一样细小琐碎的事情，如注册、报税、审计等。

曾经有位学生问哲学家苏格拉底，怎样才能学到他那博大精深的学问。苏格拉底听了并未直接作答，只是说："今天我们只学一件最简单也是最容易的事，每个人尽量把胳膊往前甩，然后再尽量往后甩。"苏格拉底示范了一遍，接着说"从今天起，每天做300下，大家能做到吗？"学生们都笑了，这么简单的事有什么做不到的？过了一个月，苏格拉底问学生们："哪些人坚持了？"有9成的学生骄傲地举起了手。1 年后，苏格拉底再一次问大家：“请告诉我最简单的甩手动作还有谁坚持了？”这时，只有 1 人举起了手。他就是后来的古希腊另一位大哲学家柏拉图。

英国有一位叫约翰·克里西的作家，年轻时勤奋写作，但受到了接二连三的沉重打击，共收到 743 封退稿信。他说：“不错，我正在承受人们所不敢相信的大量失败的考验。如果我就此罢休，所有的退稿信都将变得毫无意义。但我一旦获得成功，每封退稿信的价值都将重新计算。”到他逝世时为止，约翰·克里西一共出版了 564 本书，无数的挫折因他坚持不辍而变成了惊人的成功。

种子的萌发需要温度在生态学零度之上，但植物完成发育和生长需要的是有效积温，即一段时间内累积的温度。创业也同样适用有效积温法则，一瞬间的热情不足以支撑你走完创业的整个路途，坚持不懈的累积才是不竭的能量之源。那些生活在石缝、沙漠、悬崖峭壁等恶劣环境中的生命之所以能够生存，是因为它们对生命的渴望比别人更加强烈，对生命的坚持更为持久。也许，有很多人不能理解像乔布斯一样的人，身患重病也不停下工作，虽然有花不完的钱，却没有时间去花，生命还没有来得及享受就消逝了。但是，对于创业者来说，创业的过程就是享受的过程，疾病刻意破坏身体的健康，却永远摧不毁心中的梦想。即使乔布斯离开了心爱的苹果公司，但他的继任者一定会在乔布斯的精神引领下继续前行。

李嘉诚曾经说过：“创业的过程，实际上就是恒心和毅力坚持不懈的发展过程，其中没有什么秘密。”一个优秀的创业者 5 年前的目标和 5 年后的目标应该是一样的。尽管有时候目标看起来非常遥远，似乎总也摸不着。但如果中间放弃，之前的辛苦付出只能白白浪费，如果坚持到最后，那么在成果面前，以前所有的努力和挫折都是具有历史意义的。

在创业中坚持是痛苦的，更是快乐的。成功的原因多种多样，但失败的原因只有一个，那就是放弃。无论摔得有多痛，败得有多惨，只要有一口气在，只要坚持不放弃，肯定有成功的那一天。理智的创业者从来不屑于用失败来定义困境中的自己，他会乐呵呵地说：“谁说我是个失败者？我只是暂时还没有成功而已。”是的，创业的过程始终和失败为伴，因此很多人认为创业文化是一种失败文化。其实不然，创业的失败，不是人生的失败。通向创业成功的道路有很多条，最完美的也许只有一条，而创业失败的次数越多，说明你尝试过的道路越多，那你就离最完美的道路越来越近。每个人在创业的过程中都会犯下一些错误，关键在于如何看待和反思之前所犯的错误，避免接下来犯同样的错误。而且，国内很多投资人非常看好那些失败了再来的创业者，认为他们在市场中经历过各种考验，相对再次犯错误的概率较低，成功的可能性更大。

在创业中，失败和成功，坚持和放弃往往离得非常近。当大学生在创业中陷入困顿，想要放弃的时候，请认真地问自己："现在是最困难的时候吗？"如果回答"是"，那接下来的日子至少会比现在好，为什么放弃呢？如果回答"不是"，那么你至少还可以坚持一段时间，更没有理由放弃了。

1983 年高考语文试卷中的作文材料是一幅名为"找水"的漫画，画中一个人手拿铁锹正在挖井找水。他已经挖了许多大大小小、深深浅浅的坑，都没有找到水，于是，他正转身准备去另外找地方挖坑。从漫画中可以预计到，如果这个人一直这样，挖挖停停、浅尝辄止地挖井寻水，他肯定永远也找不到水。因为，他每次挖井挖到一半的时候，就认为这口井一定没有水，轻易丢弃已经挖了一半井的同时实际上也放弃了自己之前付出的所有努力和汗水。这是典型的缺乏坚持精神的表现。也许，画中的人只要再努力一点点，再往下挖深一点点就可以看见水了。与其去挖很多浅浅的井，还不如专注于一口井，而且挖很多井所花费的精力肯定比只挖一口深井要多得多。

创业是一场跨栏接力马拉松。① 创业过程中需要克服很多困难挫折，就像树立在跑道上的栏杆，必须跨过去，才能达到终点。创业中的接力是发挥团队精神，带领你的团队一起冲过终点。创业中的马拉松意思是说"创业是一个长期的过程，考验的是创业者的耐力，而不是爆发力，需要创业者持续的热情。"接近身体极限的时候，你要相信别人和你一样难受，咬紧牙关顶过去，你就是胜利者，松一口

---

① 韩薛，周颂. 大学生创业宝典[M]，北京：中国金融出版社，2013：20.

气就会被对手甩掉。

创业者面对困难，要争取做最后一个倒下的人。浙江创业传奇人物马云曾经说过："即使跪着，我也得最后倒下。我始终坚信一点，我困难，有人比我更困难；我难过，对手比我更难过，谁能熬得住谁就赢。"

第五节

最甜美的果实往往最后成熟

创业的道路十分漫长，不必太在意道路的泥泞与坎坷，重要的是走好前面的路，欣赏好前面的风景。创业和在田里种庄稼一样，一季的收成怎么样，要等到粮食进仓才能知道。要想知道果树上的果子甜不甜，要耐心等到果子成熟后放到嘴里一口咬下去才能知道。而且，通常情况下，最后成熟的果子因为生长周期长，日照时间充足，所以最甜。

偶然在儿子小学5年级语文试卷的阅读理解部分读到一篇文章，颇受启发。说是一户人家的房前有片菜地，自从用篱笆圈起来，边上就长了一棵树。由于不妨碍种菜，一直就没动它。后来菜地荒了，篱笆没了，门前就多出一棵树。孩子2岁时，去了一次乡下。回来问主人："妈妈，爷爷院子里有一棵枣树，我们家的这一棵也是枣树吧？"大人不在意的事，经孩子一问，就会显得非常复杂。听了儿子的问话，妈妈顿时犹豫起来，她还真不知它是棵什么树。于是每有人来，妈妈便多了一件事，那就是问他们是否认识那棵树。有一天，爸爸一位农学专业的朋友经过，仔细地对着它审视了一会，肯定地说："这是一棵李子树，我一看叶子就知道。"当天晚上，妈妈告诉儿子："以后你有李子吃了。我们家的那棵树是李子树，专家看过，一定没错。"寒来暑往，日复一日，李子树一天天长大。就在孩子从幼儿园升入小学的那一年，它开花了。适逢爷爷从乡下来他看着房前的“李子树”，说：“今年你们有樱桃吃了，你看你们门前的那棵樱桃树，花开得多茂盛。”“爷爷，那是一棵李子树。”儿子给爷爷纠正。“傻孩子，李子树什么样子，我能不知道吗？你们家的这一棵一定是樱桃树。”爷爷斩钉截铁，一口咬定那是株樱桃树。被大家叫了三年的李子树，原来是一棵樱桃树。爷爷走后，樱桃花开始飘落，几粒青色的果实开始显露出来。就在一家人眼巴巴地盼着吃樱桃的时候，不知是因为当年的雨水太多，还是别的什么原因，树上看得见的几个果子开始一个一个地脱落，最后望上去，一个也不剩。那棵树从此再没人关心。深秋的一天，房前有人丈量土地，听说开发公司要在这儿盖一栋大楼。一位划线员在那儿喊：“这是谁家的核桃树？要移赶快移走，明天挖掘机就要来了。”明明是我们家的樱桃树，怎么又成了核桃树？妈妈从家里出来，说：“那是我们家的樱桃树。”划线员却用手指向树梢—那儿确实挂着一枚小小的核桃。

那棵树多次被别人张冠李戴，最后是它用自己一枚小小的果子向世界证实了它的真实身份。从某种意义上来说，创业是一种只以成败论英雄的游戏。有点像足球比赛，最后的比分决定了一切，无论你全场踢得多么行云流水，裁判的判决多么没有道理，胜败的结果不能改变，比分不能改变。创业者如果成功了，一切都是春光明媚。反过来，创业者如果最终失败了，全世界的人都会怀疑他所付出的一切。一个人既然选择了创业的艰辛道路，就要坦然接受游戏的结果，多说无益，多做才能证明自己。

作为一个创业者，特别是年轻的创业者，创业的道路十分漫长，而且在路上绝大多数的人都不认识你，你会非常寂寞。你必须奉献出自己的果实，否则，在这个世界上，没有人会真正认识你。历史长河中，多少人悄悄地来，又悄悄地去。那些被我们记住的名字，无一不是那些在自己的生命树上结出了果实的人。无论环境多么恶劣，只要树上有果实存在，即使结出的果实多么不起眼，也能证明自己的正确身份。同样地，无论创业的道路多么艰难，只要有创业成果出现，即使成果很小，吸引不了太多人的注意，但小小的成果仍然可以证明你曾经的努力以及你作为创业人的身份。

第六节

执着是梦想飞翔的翅膀

动物界的小被管虫在出生时就为以后的生活做打算了，即便面对美食的诱惑也不改变目标。古龙笔下李寻欢的飞刀之所以能够独步江湖，原因都在于李寻欢的执着，一生只练一种绝活。龙潭虎穴，身边只带一把飞刀就已经足够。

万能的太阳普照万物苍生，它的能量比一束激光不知道要强大多少倍，但一束激光可以轻易穿透一块钢板，太阳光却不能穿透薄薄的一张纸。这就是物理学中的聚焦原理。世界上每一个人的时间和精力都是非常有限的，即使是个别天才，也不可能做好所有的事情。而普通人能在特定的时间、特定的区间内做好一件事情就非常不容易了。如果朝三暮四，今天做服装，明天搞房地产，后天又想做餐饮，很有可能一件事情都做不好。这种心血来潮的做法只能是贪婪心态的反映。

偶然看到一个国内著名投资人写的一个小故事，很受启发，拿出来和朋友们分享。说，有一个大学生几乎每周都会给他发一封请求投资的 Email，附件是一份详细的创业企划书，每周的创业项目都不相同。这样的邮件持续了半年，他一次都没有回过，那个大学生于是打电话来询问："您看，我给您发了那么多的创业项目和创意，您都没有回复，是不是您根本就没有看过，直接删除了呢？那可都是我的心血呀!”投资人回答:“你的每份企划书我都看了,创意不错,写得也很详细。我没有回复的原因是你一周换一个创意,我实在看不出来你喜欢做什么,擅长做什么。也没有感觉到你有把一个创意变成现实的渴望和努力。”另外一个成功获得他资金投入的大学生也是通过 Email 和他联系,没有得到回复后,也是频繁地继续发邮件。不同的是,这个大学生每份企划书都是相同的项目和创意,不同的是后一份总是比前一份更加强化项目的构想,更加细化经营的模式。虽然,决定投资的时候,那份企划书也不是最成熟、最完美的,但作为投资人能够确信这个年轻人可以长时间执着于这个项目,真心喜欢这个项目,最有可能成为优秀的创业负责人。

现实中,大学生创业充满激情,但这种激情来得快,也去得快。那些走“三拍路线”(拍脑袋决定创业,拍胸脯保证坚持,拍屁股一溜烟走人)的人也许更适合做公务员或管理岗位的领导者,但绝对不适合成为创业者。因为创业的过程就像孩童蹒跚学步,没有千百次的摔倒,千百次的爬起就不可能学会走路。大学生创业者需要时刻提醒自己:没有比脚更远的路,没有比人更高的山,没有比意志更坚硬的东西。不管创业的路有多漫长,只要我们坚持走下去,总会走到目的地;不管创业的山峰有多么高大、陡峭,只要我们奋力攀登,就能把它们踩在脚下。创业者的人生,就是一个不辍前行、不断成长的历程。留在路上的也许只有深深浅浅的脚印、大滴大滴的汗水和眼泪;印在身上的也许只有摔倒后留下的青一块、紫一块的伤痕;但刻在记忆中的一定有毅者无疆的勇敢以及战胜困难后的愉悦。

创业者在创业过程中虽然经历失败,但从不被失败打倒。田宁用他的创业经历诠释了执着是创业者最优秀的品格。

田宁,1996 级浙江大学畜牧专业大学生,盘石网盟创始人、董事长、CEO,他成功的秘诀源自对网络的执着梦想。一开始,田宁就看好 IT 行业,认为网络是未来最有市场前景的行业。因为缺少资金,只能先从销售硬件积累资金开始。1999 年,田宁与 2 名同学,凭着一腔热情和对 IT 行业的热爱,凑了 10 万元的启动资金,创建了浙江大学首家在校大学生企业浙江大学盘石计算机网络技术有限公司，从事计算机销售和贸易，即浙大盘石电脑。

虽然这家公司靠卖硬件做到了如日中天，但田宁没有忘记当初促使自己“下海”的最初动力。“这个世界每天都在变化，唯一不变的就是变化。”当时，硬件市场是赤裸裸的资本市场，有多少钱就做多少生意。而互联网没有物流、没有库存，只要有网线就可以做。“做互联网一直是我的梦想。”田宁是一个执着追求梦想的人。“盘石创业之初就是为了做互联网行业，虽然创业那么多年了，但这个梦想一直挥之不去。因为一种激情和坚持，田宁辞掉了盘石计算机工程有限责任公司董事长的职务，净身出户，又从头开始。从 2004 年到 2007 年，他先后投入了 4 000 万元来寻找适合自己的盈利模式。其间，他做过电子政务，做过企业的 ERP（企业资源计划），但都未成功。多少次摸索之后，他还是坚持了最初的方向：互联网广告。①

创业者需要在一定的时间专注于只做一件事情，力争完美，在一件事情做完做好后再去做另外一件事情。很多大学生在创业初期取得了一点成功，马上飘飘然起来，以为自己是万能的，做什么事情都是小菜一碟。匆忙把前期的积累投入到其他自己不熟悉的行业中，得不偿失。俗话“贪多嚼不烂”，说的就是这个道理。

需要指出的是，执着绝不是偏执，创业需要的是理性的执着，而不是迂腐的偏执。执着要在方向正确的基础上，如果方向错了，那结果一定是南辕北辙、得不偿失。“铁杵磨成针”的故事是励志、是执着，因为无论铁棒再怎么粗大，也是铁棒，只要功夫和时间花得足够多，总能磨细变成绣花针。但如果拿根木棍去磨，无论花费多少时间和精力，也只能磨成牙签，无论如何也磨不成针的。“海底捞月”的故事就是一种不切实际的幻想，是一种愚昧的偏执，因为海里本来就没有月亮，月亮挂在星空，眼睛看到的只是月亮的影子。

① 阮俊华. 寻梦强鹰之路之十九：“青春领袖”田宁：以变应变，坚如磐石[EB/OL].（2013－02－20）[2017－12－10]. http://blog. sina. com. cn/s/blog_6b84aa070102e3zd. html.

/ 第五课 /

善创——智慧是创业的灵魂

第一节

睁大眼睛，别让机会的鱼轻易溜走

创业中的机遇就像在水中游来游去的鱼，调皮灵动，随时准备溜走。故意游到你的手边，却又倏忽跳开，而且滑溜溜的，很难抓。对于刚刚踏上创业之路的大学生来说，鱼儿一旦自己凑上来，不要犹豫，也别顾着鉴别鱼儿的品种、大小、肉多肉少，伸出手通通抓住。上岸后放到水桶里再找时间鉴别斟酌，自己实在不喜欢的鱼可以放生，也可以转送他人。所以，创业中先下手、先抓住机遇最重要，机遇一旦落入他人手中，就不仅仅是自己错过那么简单，很有可能会给自己的事业带来毁灭性的打击。

对于创业者来说，社会环境蕴藏着无穷的机会。机遇总是青睐那些时刻做好准备、善于捕捉机遇的人。沉下心、结好网、睁大眼睛，才不会让调皮的机会小鱼轻易溜走。当前，社会已经进入互联网+时代，社会分工越来越细，没有不存在的机会，只有你没看见、没抓住的机会。在机会到来之前，必须要静下心来，把准备工作做到完美。股神巴菲特曾经把投资比喻成射击大象，他说投资人要选择的是一头很大的象。但是，在选择到中意的大象之前，需要把自己的猎枪上好子弹，如果等到大象出现的时候再准备猎枪和子弹，很可能就来不及了，只能看着大象在自己的面前走过而束手无策。创业者也是一样，机会稍纵即逝，没有做好准备捕捉机会的结果只能是眼睁睁看着机会投入竞争对手的怀抱。

当然，聪明的鱼会悄悄地躲在一旁，要想抓住它需要费些力气。创业如同高手比武，武功高的人总能先发现对方的命门；创业如同高手下棋，大局观好，总能想到对手前面。名侦探福尔摩斯曾经对助手华生说："你是在看，而我是在观察，这有很明显的差别。"马云说："这个世界机会太多了，你就看看每天互联网上抱怨的事情那么多，这些都是机会。"

只要善于发现，创业中的学问永无止境。大学生创业过程中要把眼睛练成火眼金睛，要把身手练得敏捷有力。同时要做到敞开心胸，勇于接受新观念和新事物。在创业中要保持足够的市场敏锐度，当商机到来的时候毫不犹豫抓住它，再及时把商机转化成公司的生产力。

丝巾是女孩子秋冬季必备的服饰，在风衣或大衣上系上配色的丝巾，既保暖又优雅。一方小小的丝巾，搭配好了，能收到画龙点睛的效果。一件普通的衣服，搭配上一条漂亮的丝巾，马上这件衣服就显得亮丽。我的一个学生陈葳和其他女孩子一样非常喜欢逛街买衣服，丝巾是她的最爱，花样繁多，漂亮又不贵。渐渐地，她发现周围的同学和她自己一样，喜欢买丝巾，但却不会系，也不会搭配衣服。买回来以后大多求助网络，慢慢摸索。于是，她想到一个创业的好点子。她找了几个感兴趣的同学一起上网找丝巾的各种花样系法，自己搭配衣服，自己充当模特，印刷了一本《女生丝巾记忆》的小图册。同学们分头找丝巾店铺代卖，和老板约好，收益三七分成，老板拿三，她们拿七。出乎意料的是小册子销售非常的好，老板反映来买丝巾的人几乎都会顺手买上一本，第一批印的 2 000 册不到一个礼拜就卖光了。受到鼓舞的陈葳和她的伙伴们不停地补充、完善内容，已经印刷了 5 个版本了，她们还准备等到时机成熟送到出版社正式出版呢。和我说起来的时候，陈葳非常平静，在她看来，创业就好像我布置给她的一个小作业一样轻松简单。赚到钱以后的她们生活也没有什么改变，上课、逛街、谈恋爱，创业本来就是他们生活的一部分。真正的商机也许正悄悄地躲在生活的某一个角落，注视着你，你看不看它是你自己的事情。

宁波是沿海开放城市，生活着很多外国人士，但在2007年之前却没有对外汉语培训学校。宁波工程学院学生叶金琳非常喜欢对外汉语教育，于是她和她的一个学妹合伙办起了一家汉语培训学校。培训学校的第一个学生是一名来自日本的家庭主妇，因为偶然的原因认识普通话非常标准的叶金琳，于是成了学校的第一个学生。后来，日本太太带来了她的朋友，有法国太太、韩国太太等好几个人，再后来太太学员们把她们的先生也介绍到学校，最后，先生们的同事、客户也成了培训学校的学员。就这样，一传十、十传百，学校的学员越来越多，效益也越来越好。到2015年，学校有1 500多名学员，设立了三所分校，业务往来也拓展到欧美、日韩等地。

创业中的叶金琳发现了国内对外汉语培训的市场“痛点”：一是汉语教师有证书，却匹配不到国外的资源；二是汉语学校生存难，招生压力大，宣传推广比较难做；三是外国人想学汉语却没有合适的老师，学费贵，没有可靠的平台。于是，她萌生了搭建一个对外汉语跨境平台“海笛网”的想法，所有中国人都可以利用碎片时间，在该平台上当老师、办学校、开公司，为匹配的外国人上课。叶金琳从培训学校退出管理工作，并很快找到了七八个志同道合的年轻人一起创业。2015年10月30日，“海笛网”项目在中国（宁波）大学生创业大赛总决赛中获得冠军，并签下了5 330万元的意向投资。①

① 李臻，谭超华. 冷门行业走出创业“黑马”[N]. 东南商报，2015－11－09(02).

第二节

商机就在一瞬间，把握就在一指间

创业者常常需要观芽而舞，机会尚在襁褓，就会被那些机敏的人攥在手中；而当别人发现机会的时候，机敏的人已经占领了市场。东软刘积仁断言："一件事如果大家都认为有机会，机会已所剩无几；如果一件事大家都认为没有机会，那么机会最大。"

当一个新的商机还没有破土而出，人们还只能观察到土下的大概形状时，一部分创业者会认为那下面只是块普通的泥土，轻易就从上面跨了过去；一部分创业者则犹疑不决，最终选择蹲在一旁守候，希望它露出头来看清全貌，可是时间和机会却无情地溜走了；另外一部分创业者对此表现出浓厚的兴趣，但自己心里没底，站在原地，大声招呼过路的人一起来看，一起讨论。结果人群中有的人说这种机会稀松平常，不值得关注；有的人说看起来不错，但做起来还是有困难。于是，尽管很多人讨论了大半天，还没有形成统一意见的时候，捷足先登者已经在为机会施肥培土，等待收获了。

20 世纪 80 年代中期，上海一家高档宾馆的业主向东阳木雕厂定制多种图案的木线条作装饰，一个木雕厂的技术工人敏锐地觉察到木线加工中蕴藏着难得的商机和巨大的市场。于是，他于 90 年代后自立门户办起了东阳市第一家木线专业生产厂。很快，木线业的星星之火在东阳形成燎原之势，一个新兴的产业在建筑业与木雕的结缘中应运而生。经过多年发展，东阳建成了当前全国最大的木线业基地。后来，为了便于销售，木线创业者又把市场选设到地处沪宁杭中心的南浔镇，促进了嘉善木材市场的发展，乍浦港也因此成为我国最大的进口木材港口。[①]

2003 年 2 月 11 日，广州市政府召开新闻发布会通报了广东省非典疫情。与此同时，政府和专家给出了一些预防病毒感染的建议措施，在这些建议中包括用食用醋熏蒸消毒空气。随即，抢购白醋进入高潮。至当日下午 4 时止，江苏镇江恒顺醋业向广州等地区发货量已达千吨以上，收到货款上百万元。到 14 日，其累积发货量已达 10 多万箱。而与此同时，赫赫有名的山西老陈醋的发货量只有 2 万箱。在非典型肺炎这样的突发事件面前，恒顺醋业显示了其快速反应的优势。这种优势的取得一方面与其销售网络直接相关，另一方面也离不开企业负责人快速的市场反应能力。

① 张亦民."浙江现象"与"浙江精神"[J]. 今日浙江，2002,(6):17.

第三节

创业者的嗅觉要像狗鼻子一样敏锐

创业，观念永远最重要。老百姓常说“天下没有不赚钱的行业，只有不会赚钱的人”。富人思来年，穷人思眼前。走在市场和政策的前面，机会不是守株待兔等来的，而是四处出击寻找来的。眼光要准，出手要快，该出手时必出手，该放手时绝对不留恋一秒钟。别人恐慌时，也许是你抓住机会的最好时候；别人得意洋洋时，你就应该考虑如何全身而退了。

宁波大学科技学院学生小楠来自温州，从小受经商家庭的影响，每到情人节，就在校门口练摊卖情侣手套。宁波的冬天非常湿冷，手套是大学生出行必备的东西。设计新颖、充满爱心的情侣手套只有 3 只，你一只，我一只，中间的一只供两人两手相牵时取暖所用。“因为相爱，所以牵手”，“因为有它，没有距离。”大学生非常喜欢，销量非常好。小楠说她一个礼拜练摊的收入足够她一年的学习和生活开支了。

刘畅在浙江万里学院读大学，家在余姚农村，父母靠种菜为生。有一年，全国各地的生姜和大蒜价格飞涨，宁波菜市场本地生姜都卖到 30 元 1 公斤，大蒜也能卖到 20 元 1 公斤。当地菜农看到生姜大蒜的市场如此好，而且这两种都是根茎类植物，非常好种，不仅不生病虫害，还不太用施肥。所以，大家纷纷改种生姜和大蒜，刘畅的父母本打算也和别人一样种生姜和大蒜，但学经济的刘畅明确告诉父母，来年生姜和大蒜价格都要跌。因为大家都开始种了，产量要成倍增加，而市场的需求量还是那么多，再加上网传是有人在国内故意囤积炒作，价格是虚高。刘畅的父母听了儿子的话，没有和村民一起抢种生姜大蒜，不仅村民不能理解，自己心头也是有点舍不得，就好像马上要到手的钱又被自己丢掉一样。但事实正如刘畅所言，等到村民们出售的时候，生姜大蒜价格一落千丈，市场上只能卖到六七元1公斤。刘畅父母暗自庆幸，和儿子说起，刘畅提醒父母下一年生姜大蒜估计会大涨，因为很多农民发现上当以后，不会再种了。于是，刘畅父母第2年因为种植了大量的生姜和大蒜，果然大赚了一笔，逢人就夸读大学的儿子神。

第四节

借东风，翻起筋斗云

荀子在《劝学》中说："登高而招，臂非加长也，而见者远；顺风而呼，声非加疾也，而闻者彰。假舆马者，非利足也，而致千里；假舟楫者，非能水也，而绝江河。君子生非异也，善假于物也。"所谓"好风凭借力，送我上青云。"聪明的创业者大都善于利用外力的帮助把企业发展好，借力对于白手创业的大学生来说尤为重要。因为他们创业之初，力量比较弱小，很容易被身边呼啸而过的大块头挤到，甚至压扁。而如果能借助别人的力量速度走上一段，到人少的地方再下来独立发展，那将会省时省力得多。毕竟，一只蜗牛附到一列动车上，那速度也是惊人的。

种子重要，土壤更重要。随着社会竞争越来越激烈，个人埋头苦干的日子已经一去不复返，要想获得很好的发展，不仅要苦练内功，更要善于利用国家和社会各种资源，做自己喜欢的生意。天气每时每刻都在发生变化，"东南西北风"满天刮，要借东风非常容易，前提是要会识别风向。个人的资源、知识、智慧、人力、渠道等不够，就是要大胆地向别人借、向国家借、向社会借。如果你不借，你的竞争对手也会借，那么你在市场竞争中就会处于不利的位置。如果你长期不观天象，借不了东风，你就会在原地踏步，眼巴巴地看着竞争对手在天上随风起舞。

问渠哪得清如许，为有源头活水来。浙江人被认为是世界上最会做生意的群体之一，他们善于借助别人的手打出自己的拳，类似于我国武侠小说中的“借力打力”。

2012年，年龄不满30岁的张鹏已经成为一家年销售额500万元的空气过滤器工厂老板。张鹏来自浙江奉化，家境并不富裕，但他从小就头脑灵活，很会学习。上大学期间，张鹏参加了宁波大学组织的“挑战杯”大学生课外科技作品竞赛，他凭借自己的发明——“PM2.5空气过滤器”一路过关斩将，杀进省里决赛，并获得二等奖。学校非常重视，给了张鹏一系列的优惠措施，大学三年级就收到一笔50万的投资意向书。大学没毕业就成功入驻大学生创业园，正式开始了他的创业之旅。尝到甜头的张鹏发现国内各种创业、创新大赛是推销自己产品的最好舞台，比赛现场有各行各业的专家、寻求合作的厂家和投资人，还有各路媒体记者。相当于自己不用花一分钱广告费就成功获得了社会关注，让更多人知道了他和他的发明。而且，参赛的好处还远远不止这些，张鹏带着自己的发明外出参赛，不仅不用上交参赛费，很多组织单位还提供免费食宿，有的还报销路费。更重要的是，参赛可以结交很多年轻的大学生朋友，大家互相交流、互相促进，极大地开拓了视野，提高了创新能力。此外，张鹏所在学校也极大地支持他，不仅派老师指导，还划拨专项经费。于是，在学校和社会的关心下，张鹏的自信心得到极大的提升，他和他的创业团队不断完善自己的发明，绝不放过任何一个参加创业大赛的机会。即使在一些比赛中，张鹏没有取得理想的成绩，但他坚定地认为创业大赛就是他创业的“东风”。只要有风刮起，他就毫不犹豫去借。

第五节

深挖洞，广积粮，为冬天做好准备

哲学家苏格拉底有句名言：“这个世界上有两种人：一种是快乐的猪，一种是痛苦的人。”世界一流的企业，大都会有世界一流的危机意识。比尔·盖茨曾经宣布“微软离破产永远只有18个月”；李建熙曾经告诫公司上下“三星离破产永远只有一步之遥”；松下幸之助干脆把松下的经营模式命名为“危机经营”。[①]

大自然有春夏秋冬，次第更替，人生总有潮起潮落时。人们总把阴冷的冬天比喻成人生的困难时光，而为冬天做准备也是顺利过好年关的日常功课。自信智慧的创业者并不惧怕冬天的来临，因为这是创业生活的规律，如同四季流转般规律自然，并且不可避免。创业者每年都要做好过冬的棉袄，既然冬天一定会来临，索性就和动物一样开始一次“冬眠”。“冬眠”并不是简单地睡个长觉，而是利用这段难得的时间仔细做个体检，既包括心理的，也包括身体的。看看自己和企业究竟哪里出了问题，找到问题后积极寻求解决的办法，调整心态，养精蓄锐。当春风吹来的时候，才能乘风而起。

当前，“大众创业，万众创新”的号召如隆隆的春雷唤醒了无数颗创业者的心，

① 丁栋虹. 企业家精神[M]. 北京：清华大学出版社，2010：177.

互联网风口带来了无数个创业机会，“草根创业”的大军排山倒海一般呼啸而至，创业的门槛在海水的冲刷下一低再低。但失去了门槛的阻拦，创业的人数剧增，无形中就把成功的门槛一再提高。因为，创业大潮中的泥沙总要堆积下来，被大风吹起来的猪和那些不擅飞行的物体总要落下来。

罗马不是一天建成的，大坝也不是一天修筑的，等海啸来了，再想起来筑坝抵御就来不及了。创业者居安思危的意识非常重要，危险随时可能出现在你的面前，为了在危险到来的时候不至于束手无策，手忙脚乱，必须随时做好危险到来的准备。就像日本的地震教育，经常做好地震预演，在地震真正到来的时候，才能从容不迫地保护生命和财产安全。对于创业者来说，事业顺利的时候，没有必要狂妄骄傲，因为没有什么事情是一成不变的，世界上没有永远的成功，世界范围的金融危机都不可阻挡，更何况自己那份小小的事业。

“生于忧患，死于安乐”的道理大学生都明白，但很多人还是会被眼前的成功迷住了双眼。就像我们熟知的寒号鸟一样，阳光照在身上的时候暖洋洋的，怎么也想不起来太阳就要下山了，寒冷的夜晚就要来到了。大学生创业的每一天每一分钟都要提醒自己，危机和失败就像个幽灵一直在头顶徘徊，一不小心就会降临你的面前。

而且，成功持续的时间越长，失败的风险越大，造成的影响更加致命。就像地球气候，如果一年中夏天气温越高，意味着冬天更加寒冷，因为一年中平均气温是相对恒定的。其实，对于有所准备的人来说冬天一点儿都不可怕，但要提前看看天气预报，了解一下今年的冬天有多长，温度有多低。创业者必须要在寒冬到来之前储备足够的粮食和棉衣，这样才不至于在寒冬里饥寒交迫。

2001年，任正非在华为集团发展势头正劲的时候发表了一篇后来在创业界业内广泛流传的文章——《华为的冬天》，提出了积极应对冬天的态度、思路和措施，值得所有创业者们认真学习。其中提到：“公司所有员工是否考虑过，如果有一天，公司销售额下滑、利润下滑甚至会破产，我们怎么办？我们公司的太平时间太长了，在和平时期升的官太多了，这也许就是我们的灾难。泰坦尼克号也是在一片欢呼声中出的海。而且我相信，这一天一定会到来。面对这样的未来，我们怎样来处理，我们是不是思考过。我们好多员工盲目自豪，盲目乐观，如果想过的人太少，也许就快来临了。居安思危，不是危言耸听。”①

2006 年浙江万向集团营业收入超过 300 亿元人民币，创造了 1969 年以来连续 150 个月无亏损的记录，但负责人鲁冠球已经感受到风雨欲来风满楼的危机。在年底的集团年度表彰会上，他果断提出“调整、完善、提高”的发展思路，因为和其他企业相比，他感觉万向前期发展太过顺利，没有经历过较大的困难和阻碍。企业发展太快、太顺利，危险就越大，从企业管理高层到普通员工很多人都被成功蒙蔽了双眼，根本没有意识到危机就在眼前。鲁冠球决定抓紧危机到来前的间隙主动进行调整，把不符合发展方向或者效益不好的项目进行清理，进一步强化集团的核心竞争力。

何雨竹的父母只有她一个女儿，大学毕业后听从父母回到老家义乌，帮忙打理玩具生意。何雨竹家所在的村子是远近闻名的玩具村，家家户户都生产玩具，而且都是以毛绒玩具为主。何雨竹父母做玩具生意做了几十年，生意起起落落，但都还过得去。近些年，人们生活水平提高了，各种动画片在电视上热播，玩具更新换代比较快，生意也比较红火。喜羊羊系列毛绒玩具一直畅销，订单也比较多，工厂的生产能力基本饱和。何雨竹的父母非常满意眼前的生意，但何雨竹却和父母的看法不同，她感觉毛绒玩具的市场已经接近饱和，可能很快就会面临危机。原因有很多：第一，毛绒玩具和其他塑料、合金玩具不同，小孩子玩起来不容易损坏，一般一套玩具可以从小玩到大，基本没有重复购买的可能；第二，全国毛绒玩具生产商都是跟风，电视上播什么动画片，就生产什么玩具，市场在很短的时间就会供大于求；第三，当前，毛绒玩具生产需要大量的缝纫工，以前，厂里的工人大都来自安徽、四川等贫困地区，但随着国家对贫困地区的支持，这些地方的人也不愿

① 百度百科.华为的冬天[DB/OL].［2017-12-20］. http://baike.baidu.com/link? url=nbgInCQ_eG2uF0kVywLH5I5q1mNMEf9Rj_rgZJCUwACyM1mvsC9UFr34RsfAC58thqhlrMkVid50qYlwceg_ca.

意出来打工，更愿意留在家里找工作，方便照看孩子。不仅工人工资越来越高，工人也越来越难招，成本逐年上涨，利润空间越来越小。于是，何雨竹说服父母，一方面减少流行玩具的生产数量，转而生产一些经典的玩具；另一方面加速玩具的更新换代，增加玩具的益智教育功能，在传统玩具中植入芯片，让玩具和孩子产生互动，激发孩子的兴趣。正如何雨竹所料，毛绒玩具的冬天很快来临，村子里很多玩具厂因此停工整顿，而何雨竹因为早有准备，安全渡过了这个难关。而且何雨竹并没有因此沾沾自喜，而是把目光放得更远，她把目光放到了广大的农村地区，她准备把玩具厂开到内地农村去，一方面那些地方的劳动力比较便宜，另一方面，那些地方市场还有开拓空间。

第六节

大钱小钱都要赚

创业绝对是种超强的体力活，把它比喻成马拉松一点都不为过。要想顺利完成一场马拉松比赛，比赛前的准备工作非常重要。心理、体能、运动装备、冰块、能量食品，缺一不可。和马拉松比赛一样，创业初期积累非常重要，积累一些人才，积累一定资金是继续走下去的资本。一个企业如果刚成立没几天，口袋里的钱就烧光了，人也都被饿跑了，这个企业就没办法维系下去。所以，创业初期先赚到钱才是硬道理，先不要想赚到是一大桶金子还是几张零零散散的小票子，有钱企业就能维持，有活干老板和员工才有奔头。

梦想是美好的，是催人奋进的，但梦想也不能煮熟了当饭吃。要吃饭就得干，不能嫌东嫌西，如果一味好高骛远，看见钱少的生意不愿意做，最终只会惨淡收场。世界上的生意本没有大小之分，所谓的大生意也是由一桩桩、一件件的小生意组成的，能做好小生意的人必定能做好大生意，愿意从小钱开始赚的人必定能够赚到大钱。毕竟，创业、做生意都是一个学习的过程，赚取小钱的过程就是一个深入了解行业规则、学会赚取大钱的途径。

在创业的初始阶段，量力而为，舍大取小有时候是最明智的选择。能干别人不肯干的活，能吃别人不肯吃的苦，能赚别人不愿意赚的钱，是成功创业人的共同特点，也是所有创业成功者必须具备的优秀品质。

浙江人在创业过程中一向比较务实，他们中的很多人创业都是从薄利、微利的小生意做起。做皮鞋、做裁缝、生产玩具、开小饭馆、卖小家电，五花八门，无所不能。20 世纪 80 年代，永嘉纽扣市场的纽扣利润最低一颗只能赚 2 厘钱，利润最多的一颗也只能赚 2 分钱。然而，聚沙成塔，积流成河，浙江人正是在一分一厘间完成了资本的原始积累。同时，价廉物美的小商品吸引了世界各地的商户，这些也是创业中最为宝贵的人脉资源，为今后创业渠道的拓展打下了深厚的基础。

即使在今天，很多人都认为浙江人财大气粗，满世界炒房子、炒地皮，但他们的家族仍然在经营着很多人看不上眼的小生意。在浙江人眼里，蚊子再小，也有肉，生意再小，也有钱赚。因为买卖本无大小之分，有钱赚的买卖就是好买卖。

浙江大学生有很大一部分家里都是做生意的，但他们不会选择稳稳当当地接管家族产业，顺顺利利成为“富二代”，而是争做“创二代”。希望用自己所学的知识帮助父母创业，甚至离开父母，独自创业。一般在读大学的时候，就会跃跃欲试，但他们会和他们的父辈一样，选择从能赚钱的小买卖做起。身边大学生创业成功的例子都来自比较“接地气”的项目，家教、翻译、维修、小商品经营等项目投资较少，资金回流较快，更容易被市场认可。

刘新超 1996 年入读宁波大学，由于父母在嘉兴一直做着小生意，从小耳濡目染，对钱和数字天生就门儿清。读大学后，功课开始轻松起来，刘新超更有时间打他的小算盘。他发现毕业班的学长们一到毕业季就会进行大甩卖，旧书、旧衣服、旧被褥、旧自行车等一股脑都卖给了废品店。那个时候，快递业还不像现在那么普及，把东西弄到邮局寄回老家，又麻烦、又花钱。很多学生走得匆忙，很多东西要么送人，要么就直接丢掉了。刘新超敏锐地发现这是一个巨大的商机，于是和同宿舍的 3 个男同学一起买了一辆破三轮车，开始到处贴小广告，上门收购各种闲置物品。一边收，一边重新分类，再摆地摊出售。20 世纪 90 年代，读宁波大学的学生很多家境并不富裕，二手货很受欢迎。其中卖得最好的就是自行车、参考资料和电话卡，很多时候，学生来买的时候，这些东西都没有存货。不到一学期的时间他们就在校内租了一间门面，并且又找来几个志同道合的同学一起干，其中还有女同学自愿承担起销售和记账的工作。这个创业团队一直奋斗到大学毕业，因为大家对未来各有打算，刘新超就把小店转让给了学弟，自己后来做起了职业投资人。

这样的创业故事在浙江随处可见。很多创业良机隐藏在日常生活中，虽然利润不是十分丰厚，但大学生做起来却也有滋有味，风生水起。

90 后义乌大学生孙丽莉和她的小伙伴们决定倒腾小夜灯和纯净水，他们从国际商贸城进了小夜灯，又从康师傅纯净水经销商处批来纯净水，拿着义乌市区地图，骑自行车分别前往绣湖公园、江滨公园、孝子祠公园和雪峰公园练摊。生意远没想象中那样火爆，为了和小贩抢生意，只好降低利润空间，纯净水的定价每瓶 1.5元，小夜灯的价格是每盏 5 元。在摆地摊的时候，他们的商品曾被行政执法人员没收过。一个周日的晚上，他们瞄准一处有文艺演出的商机，卖出了 30 多箱纯净水和 100 盏小夜灯，净赚 1 000 多元。① 这对他们来说像过年一样高兴，虽然不是每天都有年过，但每天那点微薄的收入对创业的孙丽莉团队也很重要。钱虽然少，总比没有强，而且还锻炼了身体和心理承受能力。练完摊后，再没有什么困难的事情可以难倒他们了。

① 大学生创业网. 义乌打工创业故事[EB/OL]. (2018－04－02)[2018－04－10]. http://chuangye.yjbys.com/gushi/anli/546567.html.

第七节

化“危”为“机”是大智慧

在世人的眼中扁鹊是最高明的医生，医术精湛，无人出其右，什么疑难杂症到他手上就会迎刃而解。但扁鹊本人却不这么认为，他说他的两个哥哥的医术都比他好。所以，当魏文王问他：“子昆弟三人其孰最善为医?”扁鹊曰：“长兄最善，中兄次之，扁鹊最为下。”因为“长兄于病视神，未有形而除之，故名不出于家。中兄治病，其在毫毛，故名不出于闾。若扁鹊者，镵血脉，投毒药，副肌肤，闲而名出闻于诸侯。”扁鹊的意思是大哥治病都是在病情发作之前就发现并提前消除了病因，二哥治病是在病情刚出现的时候就能够把病情控制住，这样才是高明的医术。自己只是在病情严重的时候治疗，是水平最低的。

其实，世间很多事情都和治病救人一样，事后控制不如事中控制，事中控制不如事前控制，等到错误的决策造成了重大损失时才寻求弥补，经常是亡羊补牢，为时已晚。创业也是同样的道理，成功的创业者善于及时发现企业存在的问题，提前预见对企业不利的内外因素，及时采取措施把不利的因素转化成有利的因素，尽可能趋利避害，减少企业的损失。

在创业者眼里机会很容易看到，因为无处不在，即使不小心错过一个机会，也能找到另外一个机会。但危机却很难看到，虽然危机和机会一样无处不在，但发现危机却需要冷静的头脑和理智的判断。如果忽略一个危机，就会对企业产生无法估量的损失，有时候再多的机会也无法弥补一个危机带来的影响。所以，创业者每一秒钟都不能放松，发现危机，用自己的智慧把危险转变成机会。

事实上，危机是相对的概念。毒蛇有毒，不被咬到就不毒；风大浪高，船只安然前进就不算浪大；创业路上有陷阱，你只要不掉进去，就可以视作一路坦途。自古危和机就是事情的两个方面，同样一件事情落到甲的头上是危险，落到乙的头上却是机会。大雨倾盆而至，对于露天卖布的小贩是危险，但对露天卖伞的小贩却是上天恩赐的好机会。大浪会把小鱼拍晕，但能够把丰富的食物送到大鱼的身边。对于胆小的创业者来说，经济危机是场灾难，但对勇敢的创业者来说，经济危机中蕴含者许多千载难逢的商机。

有人把大学生创业的基因比喻成草本基因，市场环境好的时候百花盛开，一旦寒流降临就会枯黄零落。而大学生创业长久发展的一个方法就是改变基因，至少把草本基因转变成木本基因。因为大树虽然到了冬天也会落叶纷飞，但它的根始终深植泥土，并且在寒冬也不会停止生长。待到来年，春风吹过，树干会愈加粗壮，树叶也会更加繁茂。

面对不期而至的危机，大学生创业者首先要做的是保持镇定，并对市场前景充满信心。其次，创业者要学会转变思考方式，尝试逆向思维。通常危机降临后，传统企业的产品供应链就会被打破，行业规则也会发生变化，行业平稳发展态势下一般不会出现的空隙和机会这时候都会出现。对于那些在危机来临时主动应对的企业，以及那些在危机来临前已经提前进行转型升级的企业，危险会和机会并存，而且很容易在危机中实现弯道超车。而对于那些没有准备过冬物资的企业，在危机到来的时候只能期盼老天长眼，没有丝毫主动求生的机会。

创业者需要在危机到来时，表现出泰山崩于前而面不改色的勇气，能够主动站出来承担起责任，并运用危机管理技巧“转危为安”，最好是“化危为机”。格兰仕把原本是场灭顶之灾的不利事件成功转化为塑造品牌形象的机会，成为企业转“危”为“机”的典型案例。

2004年7月，美国“杜邦特富龙”事件给国内不粘锅产业带来了毁灭性的打击。因为绝大多数不粘锅生产企业都是引进国外企业的不粘涂层再进行涂刷加工，因此在我国不粘锅生产的行业门槛并不高，基本生产炊具的企业都在生产这种产品，其中绝大多数企业选择的不粘涂层供应商正是美国杜邦。格兰仕负责人在危机面前主动站出来表示公司正在积极寻找相应的替代材料。这一消息马上被全国各媒体报道，在整个行业发生危机、消费者信心动摇时格兰仕此举树立了一个捍卫消费者权益、挑起行业重担、负责任的企业形象。紧接着，格兰仕积极与2家国外高端材料技术公司达成了宇航DYH材料技术和宇航5T涂层技术联合产销及研发意向，并证明这种材料对人体没有任何危害，可以替代“特富龙”材料应用于炒锅、电饭煲、微波炉等炊具中。同时与100多家国内外材料供应商签订“材料健康保证书”，承诺格兰仕不采用“特富龙”材料。格兰仕抓住媒体大肆宣扬杜邦“特富龙”事件的机会，大打健康牌，不仅免费为新产品做了宣传，更重要的是增强了格兰仕的品牌知名度与美誉度，更使其微波炉在全国引起抢购风潮。

第八节

摔倒是为了调整姿势更好地奔跑

战场上，想要战胜或消灭敌人，需要尽可能降低重心，最大限度地贴近地面，这样才能更好地隐蔽自己、观察敌人、攻击敌人。生活中遇到地震、台风等恶劣气候，最聪明的办法不是站得高，也不是跑得快，而是找一处安全的地方趴下来，既能有效防止被外力伤害，也方便观察与思考下一步采取的对策。生活中、工作中快速奔跑的时候很容易摔倒，但摔倒并不致命，相反，执着于一个错误的姿势，或者一个错误的目标长时间前进才有可能产生最坏的结果。早一点摔倒，可以让自己早一点清醒，早一点发现错误、改正错误，有利于接下来更快的前进。如果一路磕磕绊绊坚持到终点前一刻才轰然倒下，那才是人生最大的失误；或者，虽然坚持冲过了终点，但回头看看走过的是一条错误的路，一路上不仅没有欣赏到美丽的风景，越过的终点也不是当初设立的目标。结局除了后悔，就是叹息。

在报纸上看过一篇关于蟑螂和恐龙的研究报告，深受震撼。原来蟑螂和恐龙曾经生活在同一个历史时期，虽然恐龙盛极一时，但后来却悄然灭绝；蟑螂虽然体型弱小，但生命力极强，如今仍然坚强地生活在墙缝、碗橱、阴沟等不起眼的地方。人类赤手空拳很难降服蟑螂，一脚踩下去，看见蟑螂扁了下去，但趁你转身拿扫帚簸箕的时候，它却又能马上起身，飞快地逃走。

创业艰难，面对困难，创业者只能被打败，绝不能被打倒。那些只能在顺风顺水中前进，稍遇风浪就被淹死的创业者连只蟑螂都比不过。“沧海横流，方显英雄本色。”调整方向，小心驾驶，到达胜利彼岸的人才是真正的英雄。一旦创业者在奔跑的时候不小心被绊倒了，就揉揉摔痛的地方，拍拍身上的灰尘，努力站起来，仔细想一想前面跑步时遇到的问题，调整好姿势继续往前跑就是。

摔倒的最大意义在于时刻提醒自己不要盲目乐观。创业公司有 100 种死法，自己不过才遭遇了 1 次。那些暂时还没有摔倒的创业者只是幸运地躲过了小部分障碍，前面还有更多的坑等着他跳下去。摔倒过的创业者的心态会更加成熟，摔倒、爬起来，再摔倒、再爬起来。次数多了，走起路来更加稳健了，走路的速度更加快了，那就是离成功也许就不远了。

美团网创始人王兴可谓是国内著名的创业者之一了。他未毕业即创业，未有过正式的工作经验，博士未读完就一头扎回国内，和王慧文、赖斌强一起组成创业的三驾马车。先是捣鼓一个叫“多多友”的社交网站，败于无定位。接着弄一个叫“游子图”的照片冲印网站，败于无市场。再后来做了“校内网”，最终贬值卖给了陈一舟，败于无资金。“校内网”之后，王兴另起炉灶，推出小众微博“饭否”，因未能控制风险，败于政策。在做“饭否”的同时，王兴还推出白领 SNS“海内网”，被后起者“开心网”抢走用户。最后，王兴再次起步“美团网”，获得红杉资本“超过1 000万美元”的风险投资，如今估值达到 70 亿美元。虽然互联网创业竞争激烈，“美团网”的明天没有人可以预测，但可以肯定的是，王兴在创业的路上无数次摔倒，无数次爬起来。最难能可贵的是他每一次爬起来后走得更稳，跑得更快。

第九节

低着头看好路面走路，才不会摔跤

现实生活中创业前一心想着马云，期待一夜暴富的大学生不在少数。他们在选择创业方向的时候非常盲目，不愿意从事一些科学技术含量低、劳动力密集型的工作，更不愿意从点滴小事做起，梦想一开始就有一个大平台支撑，或者有大笔资金排队等候投入。

实际上，创业名人的成功很难复制。那些总想走捷径、总想在短时间内就可以成为马云一样人物的大学生实际上很难真正成功。那些准备要踏上就业征途的大学生千万要保持冷静的头脑，走路的时候不能总是眼睛盯着天上的创业明星，心里想着江湖中的创业传奇，否则很容易重重摔倒。

大学生一开始创业的规模都很小，大部分从工作室或小作坊开始起步，很多事情都是一个人打理，能够投入的经费也很少，大多靠亲戚朋友东拼西凑以及银行的小额贷款。当然，小空间的梦想依然远大，一个人创业的热血依然滚烫。小微企业的特点是小、快、灵，优点是对于市场竞争反应比较快，缺点是抵御风险的能力比较差。一艘航空母舰在大风大浪到来时可以慢慢寻找避风的海港，甚至可以待在原地或继续航行。但是一艘小舢板一定要在大风大浪到来之前进入安全地带，否则只能被海水吞没。所以，驾驶小舢板的人一定要每时每刻都留意天气预报。创业大海中的波浪更容易把小船打翻，小微企业的生存之路更加艰难，需要更加小心地前行。

大学生创办的小微企业如果遇到相对强大的竞争对手，千万不要认为只有战胜它，自己才能变得更加强大。如果马上尝试去战胜他，结果很有可能是既没有撼动大树，自己反而摔了个大跟头。因为在互联网时代，创业竞争的法则是“只有第一，没有第二。”一家企业维持的主导地位时间越长，其他企业追赶超越的可能性就越小。[①] 而如果暂时选择避其锋芒，绕过对手，继续前行，则很有可能得到充分的发展时间，等到自己足够强大了，再回过头来的时候，就会发现当初的对手已经没有想象中那么强大，根本不值得战而胜之了。当然，如果对手堵住你前行的道路，实在无法避开的时候，就要仔细观察，发现对手的不足之处，然后千方百计周旋，希望自己能够活下来，继续前进。其实，能有机会和强大的对手合作也是不错的选择。

有个非常经典的小故事，值得分享。说，一头大象不小心踩翻了一个蚂蚁窝，结果弄得满身都是蚂蚁。大象抖抖身体，蚂蚁纷纷落地，只有趴在大象脖子上抓着象毛的那只蚂蚁没有掉下来。地上的蚂蚁看着那只坚强的蚂蚁，齐声呐喊：“掐死他！”就连幼儿园里的小朋友都知道那群蚂蚁的勇敢实际上是自不量力，大象和蚂蚁根本不在一个重量级上，大象要想踩死一只蚂蚁的确不费吹灰之力，但蚂蚁想要掐死大象几乎是不可能完成的任务。[②]

---

① 艾诚.创业的常识[M].北京：中信出版集团，2016：309.

② 王宇.做马云这样的男人[M]，北京：中国商业出版社，2015：47.

第十节

挫折只会让机会主义者走开

大部分创业者或多或少都会有机会主义念头，他们在没有全面了解市场情况或者不具备创业条件的时候，抱着侥幸心理，希望能够撞上大运，赚得盆满钵满，这些人俗称机会主义者。毛主席曾经对于机会主义者有过通俗易懂的解释："什么是机会主义呢？机会主义就是这里有利就到这里去，那里有利就到那里去，无一定原则，无一定方向。"列宁对机会主义的解释是："牺牲根本的利益，贪图暂时的、局部的利益。"

创业是一个以成功为目标、以赢利为目的、追求利益最大化的过程。当前，在国家和政府鼓励全民创业的疯狂年代，创业正逐渐演变成一种集体行为，很多人，特别是年轻人把创业当成了购买彩票的投机行为，把 P2P、互联网思维和大数据概念当作噱头忽悠别人，幻想自己宣布创业后分分钟别人口袋里的钱就会自动飞到自己口袋，上演一夜暴富的神话。实际上，创业环境虽然变了，创业的大风也刮起来了，但创业的本质和规律并没有改变，创业的成功率在短时间内也不会提高。创业成功仍旧是一个小概率事件，只适合于那些怀揣梦想、具备创业精神的特定人群。

为了梦想而奋斗的创业者很可能在短期内没有机会主义者成就大，但随着时间的推移，最终的成功者只会是他们。机会主义者在困难和挫折面前无一例外会选择逃避，因为机会主义者总是相信盈利是第一要义，他们认为创业就是为了上市，就是为了把品牌套现后赚大钱。股神巴菲特曾经说过："退潮的时候才可以辨别出谁在裸泳。"务实的创业者会一直坚持自己的创业初心，坚持自己的价值观，坚持自己已经明晰的道路与方法，稳步地前进。挫折只是创业生活的一种历练，直面挫折、战胜困难也是创业生活的一部分。

网盛生意宝董事长、浙江萧山人孙良德的"走楼梯理论"值得年轻的大学生创业者仔细玩味："无论是个人发展还是企业从小壮大，都是一步步走出来的。从一楼到十楼，坐电梯几秒钟就能到达，但一旦发生危机，掉下来也很快。企业发展不如'走楼梯'，一步步走上去，到了十楼再往下看，不会头晕。"道理十分简单，用老百姓的话说就是"一口吃不了胖子"，饭总要一口一口吃，路要一步一步走，活也要一点一点做。

2006 年，中央政府下调出口退税率以后，浙江海亮集团总裁冯亚丽敏感地意识到，按照以往的经营模式，公司会在出口汇兑上损失巨大。于是，公司出台了《零库存风险控制管理办法》，决定"只赚取加工费，不做铜市投机"。冯亚丽强调："我们不投机，只关心自己的加工费。"后来国际铜价一路上涨，从原来每吨 2 万元一直飙升到每吨 8 万元，有些企业进行铜市投机一夜暴富。面对遍地白花花的银子，冯亚丽饱受质疑，但她坚持认为风险太大，不能弯腰去捡。由此，海亮成功避免了一次沉重的打击。2008 年 10 月 1 日至 27 日，国际铜价一个月内下跌 42%，上海金属交易所铜价一连 12 个跌停板、2 个停牌，崩盘的情况史无前例。国内很多前期进行买进卖出的铜加工企业遭受了沉重的打击，部分企业甚至濒临破产。而坚决不搞投机的海亮集团不仅没有遭受损失，还保持了稳定的增长态势。①

---

① 崔砺金. 裂变：60 位浙商镜像[M]. 浙江大学出版社，2009：221.

第十一节

舍得丢弃已有的东西才能抢在别人前面得到更好的东西

“舍得”一词清楚地告诉我们失与得之间的辩证关系：先有“舍”，后才有“得”。舍去的东西越多，得到的东西越多；早一点舍去，早一点得到；舍去的仅仅是眼前的一点利益，而得到的却是长远的利益；舍去的是自己的东西，得到的是世人的尊重。锱铢必争，不愿意后退一步的人很有可能看不到海阔天空的发展机会，也很有可能最后什么也得不到。

孟子曰：“鱼，我所欲也，熊掌亦我所欲也；二者不可得兼，舍鱼而取熊掌者也。生亦我所欲也，义亦我所欲也；二者不可得兼，舍生而取义者也。生亦我所欲也，所欲有甚于生者，故不为苟得也；死亦我所恶也，所恶有甚于死者，故患有所不避也。”人一生都在做选择题，一生都在选择与放弃中苦苦挣扎。很多时候，放弃不是一种退缩，而是一种更高层面的坚持和更高层次的追求。就像跳远一样，人先要往后退，留出足够的加速距离，才能跳得更远。小动物壁虎为了保住性命，在遇到危险的时候总是选择放弃尾巴。

诗人泰戈尔曾经说过：“当鸟翼系上黄金时，就再也飞不远了。”创业的道路上充满着各种各样、数不胜数的诱惑，创业者需要像西天取经的唐僧一样，脑中有目标，心下有定力，才能最终到达西天，取得真经。若是都像猪八戒一样，一路走、一路留恋，是不可能功德圆满的。2008 年 7 月 8 日，百度总裁李彦宏在北京大学本科生毕业典礼上发表演讲时说：“普通人很难想象对于一个有 2 亿用户的公司每天要面对多少诱惑。百度可以做一百件事，最后我们只选择了一件，并一做就是 8 年，以后还会继续做下去。”

现实中很多人习惯于抱住自己的东西不放，最终得不偿失，甚至酿成悲剧。家里着火了，又想拿钱包、又想抱电脑，最终连人都来不及跑出去，被大火活活吞噬。掉到水里，死拽着身上的包不放，最终只能沉向水底。蚕宝宝如果不能打破茧的禁锢，怎么能够化蝶自由飞翔呢？一个人终日在自己的小屋里徘徊，怎么能看到世界海阔天空的美景呢？

俗话说“退一步海阔天空，让三分风轻云淡。”创业的科学不是一味简单地做加法，今天十万、明天二十万，一天一天加上去。而是要认真做好减法，创业途中，一路走、一路收获。身后背囊里的东西越来越多，脚步也越来越沉重，当发现前方有更好的东西的时候，才发现背囊中已经没有足够的空间容纳了。美国一些中小学考试的多项选择题选对一个加 1 分，选错一个却要扣 2 分，这样做的目的就是要提醒孩子们从小就要学会放弃。

所以，创业中有时候放弃也是一种智慧的坚持和渴望，对创业目标的坚持，对最初梦想的坚持，对未来愿景的渴望。创业的道路并不是笔直向前的，一个又一个的岔路横在我们面前，需要我们做出选择。而且，选择的只能是一个方向，放弃的是很多个方向。创业者需要做的是既然选择了一条道路，就要目光坚定地走下去，不要在心里一直惦记前面放弃的选项，更不能时不时回过头去看是否有其他人选择了自己放弃的道路。

比尔·盖茨小时候就十分清楚自己想要什么，怎么做才能证明自己，尽管他父亲曾经给他提供过很多次机会，但都被他果断地放弃了。甚至在哈佛读大学的时候，为了有时间去做自己真正想做的事情，他毅然选择退学，放弃了别人羡慕的在一流大学接受教育的机会。所以，创业者一旦发现选择的方向离自己的目标越来越远的时候，不要迟疑一秒钟，清空背囊，快速回到正确的道路是最为明智的选择。

传说印度伟人甘地，有一次乘火车，他的一只鞋子掉到了铁轨旁，此时火车已开动，再下去捡起来已经不可能，于是甘地急匆匆地把还穿在脚上的另一只鞋也脱下来扔到第一只鞋子的旁边。别人问甘地为什么这样做，甘地认真地说："这样一来，路过铁轨旁的穷人就能得到一双鞋子。"这正是一种豁达的放弃。

大学生在创业的道路上一定要学会放弃，敢于放弃、主动放弃。勇敢追求、果断放弃，创业的道路才能越走越宽阔。大学生如果想体会创业成功的快乐，就先要放弃四平八稳的工作和悠哉悠哉的慢节奏生活。大学生在创业中要想取得更好的成绩，获取更多的商业和社会回报，就要把目光放远，主动放弃眼前的短期利益。"轻装上阵"才能加快速度，积蓄能量，跑在别人前面。因为大学生创业者的精力与前期财力都非常有限，必须集中财力和精力做好拳头产品和核心业务。这在经济学上称为"机会成本风险"，即为了得到某种东西而所要放弃另一些东西的最大价值。在创业中可以理解为面临项目选择时，被舍弃的选项中的最高价值就是本次决策的机会成本。创业者虽然能够做很多事情，也可以同时做不同的事情，但要想降低机会成本风险，就不能再为眼前一时的利益而犹豫不决，成功的创业者需要懂得在什么样的情况下选择最重要的事情来做。

创业中有的放弃是迫于外界压力、被动的放弃。

宁波大学电子商务专业的研究生张华和几个同学开始创业做社区电子商务，主要针对宁波校园市场，经营大学生需要的各种生活用品。因为专业对口，周边环境也很熟悉，创业非常顺利，很短时间内就捞到了人生的第一桶金，成为校园内的创业名人。研究生毕业后，杭州的一个投资人看中了他们的项目，有意向投资，但要求把项目放到杭州高教园区，理由是杭州是省会城市，更有市场发展空间。张华和他的伙伴们那个时候正处于创业膨胀期，一心想成为马云式的人物，不顾老师、朋友们的劝阻，冲着投资就冒失地把市场转向杭州。结果，因为对市场风险分析不足，再加上对杭州市场的不熟悉，在和杭州地区校园商务竞争中明显处于下风，业务开展非常困难。最后，投资方逐渐失去了耐心，撤走了资金，张华他们前几年的积累也一下子打了水漂。等到他们回过神来，再回宁波想重操旧业的时候，发现市场早已被别人成功占领了，再想挤进去，必须付出更多的努力。

创业中更多的放弃是理性的放弃、主动的放弃。

企业不仅要善于前进，更要学会后退。凯恩股份是丽水地区第一家上市公司，2007年，董事长王白浪决定将其持有的34.2%股份中的29.78%转让给凡尔顿，一夜之间从大股东变成小股东。对于外界的质疑声，王白浪认为只有卖掉当前的东西，才有机会介入更有兴趣的行业。相对于一些企业只有实在撑不下去了才会考虑转让，王白浪更喜欢做一些具有创造性的事情。

文慧大学毕业后从父母手里接管了一间小型服装厂，厂里只有十来个工人，订单主要来源于一些大型服装厂的尾单，因为质量把关比较严，生意一直不错。2006年母校校庆，文慧原来的班主任拿着5000套服装订单主动找上门来。原来学校在校庆的时候准备给来宾每人送一套印有学校校庆标志的西装，因为时间太紧，几次招标都流标了，老师希望文慧能够接手，费用可以高一些。文慧有些为难，自己也是校友，为母校做点事情理所当然，而且利润也比较可观，但要在这么短的时间内保质保量地完成任务，只有两条路：一是雇佣人手，可是一方面新来的工人质量不能保证，另外一方面任务完成后，因为订单跟不上，又必须辞掉他们，文慧于心不忍；二是让自己的工人加班加点，这些工人都是女性，在这个厂里干了许多年，每个人家里都有一堆事等着下班回去处理。想到这里，文慧理智地拒绝了这个单子，但通过私人的关系，帮助老师联系了另外一家有资质的大厂接了这笔生意，并最终在规定的时间内圆满完成了任务，老师非常满意。

对于从宁波师范学院数学系毕业的叶建荣来说，创业的过程是一次又一次的突破，每一次成功后他都会毫不留情地放弃，因为他坚信，放弃是为了更好地得到，下一个机会更加完美。1989年，叶建荣承包了一个校办工厂，主要生产和开发化妆品的塑料包装盒，他按照厂方的要求设计和生产。后来因为他设计的产品外观已被对方申请专利，所以选择退出。接下来，叶建荣和朋友又办起了工艺植绒厂，这个项目效益很好，但是规模做不大。当时很多人都想学这门技术，叶建荣的想法是把这项技术直接转让给 20 多个客户，掘一桶金后再找新项目，而朋友还想做下去。于是叶建荣只好选择离开了自己一手创办起来的企业，但与朋友保持了十分珍贵的友谊。

人的一生是在不断选择中度过的，选择题是我们需要直面的问题，虽然选择题是客观题，但创业中的单项选择题却要比主观题难做得多。因为你选择了一个选项，便意味着你要放弃其他的选项，而且还要给自己尽可能充分的选择理由。创业的道路不是上帝赐予的，也不是父母老师强加于你的，而是你自己一道道题选择出来的。并且，这样的选择题没有标准答案。

大学生就业还是创业自己可以选，遇到苦难的时候坚持还是放弃也可以自己选，对伙伴苛刻还是宽容更是取决于自己的选择。有时候经常听到大学生抱怨："这事不能怨我，因为我没得选择。"严格说来，人生中没有选择的时候是很少出现的，除了极少数情况，如父母和性别自己没法选择，绝大多数情况都是由自己选择的。人生如何规划，生命选择哪种色彩，心情愉快还是苦恼，都是自己可以轻松选择的。举个例子，你想吃一种特殊口味的冰淇淋，恰巧你家附近的店铺里没有卖。这时候，你常常会选择另外一种口味的将就一下，同时抱怨："我不爱吃这种，但没得选择。"其实，你当时的选择有很多：你可以到其他店里看看，你还可以请店老板下次给你带一些，甚至你可以自己动手做。很多时候，不是没有选择，而是不愿意考虑其他选择。

创业每天都会给你大量选择的机会，关键看你肯不肯花时间和精力多看几个选项。而一旦选择了一个项目、一个方向，就要有勇气拒绝其他的选项，虽然其他的选项看起来也很有诱惑，但三心二意总是做不好事情。创业者如同行走在大地上的远行者，虽然心中有一个目的地，但路边的风景太美，路上的行人也会劝你改变主意。你必须不为所动，专注自己脚下的路，向着心中的目标前进。大学生创业一定不能左顾右盼，看见利润高的项目就想试一试，这样做的结果很容易得不偿失。

第十二节

永远不做大多数

鲁迅曾经说过:“希望本是无所谓有,无所谓无的。这正如地上的路,其实地上本没有路,走的人多了,也便成了路。”然而在创业的世界里,对于年轻的大学生,应该这样说:“其实创业的大地上本来就有路,走的人多了,反而没有了路。”一个成功的创业者横空出世后,数以万计的创业者都会按图索骥,去走成功者走过的道路。然而,走的人太多了,路就很容易被脚踩成一条地沟,根本不像条路了。而且,世界上有成千上万条路,没有人会告诉你哪一条路一定是对的,哪一条路一定是错的,一定要亲自走过才会知道。

大多数人是宽泛的态度和意见的持有者,因为大多数人的观点和看法相对安全,不太会被很多人指责和非议。1897年,意大利经济学家帕累托偶然注意到19世纪英国人的财富和收益模式。在调查取样中,他发现大部分的财富流向了少数人手里。于是,帕累托从大量具体的事实中发现:社会上80%的普通人,却只占有社会总财富的20%;而另一部分人数量虽然只占20%,他们却占有着80%的社会财富。这就是著名的帕累托定律或“二八定律”。究其原因,那些20%的成功人士身上总会散发出与众不同的东西。创业圈内的“二八定律”有些神似,说的是如果有80%的人都发现的机会,就不是个好机会;如果只有20%的人发现的机会,也许是个好机会，你比别人多付出些努力，或许能取得成功；如果只有不到5%的人看到的机会，则一定是个好机会。千万不要犹豫，冲上去，紧紧抓住它，它一定会对你微笑的。

尝试走走别人还没有走过的路，尝试抓住别人还没有发现，或者还没有腾出手去抓的机会，这才是致力创业的年轻人应该有的勇气和智慧。不要过多地在乎别人的意见，如果你所做出的决定都能得到别人的认可和拥护，那根本就不需要你做决定了。既然你和别人的意见都是一样的，那你再说一遍，再做一遍，除了浪费时间，就是无聊。

为什么世界上那些有名的创业者一直被人模仿，但却从未被超越呢？因为这些成功的创业者深谙创业成功之道，即想人之未想之理，做人之未做之事，走人之未走之路。

很多刚开始创业的大学生总喜欢跟风模仿，希望复制成功创业者的模式，走捷径获得成功。马云做电商，我也要做电商，同学开餐馆挣了钱，我也要开餐馆。竞争对手搞促销，我也必须降价。这就是人们口中常说的羊群效应。因为羊是近视眼，只能看清楚跟前的东西，所以，如果有别的羊在它面前走，它就会很自然地跟着一起往前走。社会上一些资本雄厚的企业家通常会做那只走在最前面的羊，然后利用身后的羊群赚大钱。大学生创业者既然一下子做不成羊群领导，就坚决不要去做羊群中傻兮兮的跟随者。朝着自己认定的方向走，就不会被别人牵着鼻子走。

一个人，越是接近真理，就越是能够独立思考，也就越不容易走弯路。著名作家余华曾经说过："无论是写作还是人生，正确的出发就是走进窄门。不要被宽阔的大门所迷惑，那里面的路没有多长。"

实际上，创业中最可能成功的人永远在大多数之外。在创业的十字路口，很多创业者习惯于被一些大多数人的意见迷惑，没有听从自己的判断做出错误的选择，从而与大多数人一起走上一条看起来比较宽广、平坦的道路，个人的初衷和梦想由此烟消云散。不走大多数人走过的路，不做大多数人认为能够赚钱的生意是展现创业者个性和特长、成就个人创业人生的基本要求。目前,很多踏上创业之路的大学生总希望能像基因克隆一样轻松快速地复制前人的创业神话。然而,创业的词典中根本没有如基因序列一般所谓的通用创业成功公式。创业者的人生之路注定与众不同,正如哲学家所言,世界不存在两片完全相同的树叶,人世间也不存在外形和思想完全相同的两个人。创业的道路四通八达,每一个创业者都有自己的成功目标和人生理解,千篇一律、放之四海而皆准的数学公式在创业圈子里只能是老板嘴边的桥段而已。

大学生创业者要想在最短的时间最大可能地实现自己的创业目标,必须具有独特的眼光,想前人所不想,做他人不愿做的事情,鼓足勇气独辟蹊径,走一条少数人甚至只有自己走的路。月亮一生围绕太阳旋转,虽然能靠太阳的光芒照耀自己,但它本身并不会发光,等到太阳消失的时候,月亮也再无光彩可言了。创业者绝不能主动跟在成功者的身后,被成功者的光辉所淹没,而是要做独一无二的那个太阳。当然,大多数人的经验也是要学习的,大多数人的意见也是值得参考的,但绝不能拿来就用、照搬照抄,而是要经过认真思考,转化为自己的信息和知识。比如,可以了解大多数人什么地方做得最好?什么地方是大多数人忽略的?然后,再把自己的优势和劣势同大多数人进行比较,这样就可以更清楚地认识自己,找到以后的创业方向,开发出更具吸引力的产品,提供更优质贴心的服务,使用更加新颖有效的营销手法。

浙江大学生聪明,独立,爱思考,经常走出一条不同寻常的创业道路。

“飞毛腿”是杨俊杰在宁波市高教园区开的一家代理办事业务公司,公司员工人数不固定,有时候人多些,有时少些,平均有十几个左右,大部分都是周围高校兼职的大学生。老板杨俊杰原来毕业于宁波工程学院,毕业后做了两年“村官”,后参加浙江省公务员考试进了基层政府机构成为一名公务员。因为不喜欢四平八稳的生活,辞职后开了这家小公司。因为在政府机关待过,对于和政府职能部门有关的业务比较熟悉,所以,一开始,他把公司的业务主要定位在各种证件办理等方面。如帮助大学生档案存放、领取报到证、转户口和办理各种组织关系转接等。后来，业务一点一点扩展，一般客户寻求代办的事情都可以接单。如办理异地出生证、为异地恋的情侣送上鲜花和礼物、替大学生买早点、给小学生购买中餐、接送小孩子上下学、送老人看医生、替客户维修、保养车子，有时候偶然还会替大学生签到上课等。当然，公司接到最多的单子还是来自大学生。杨俊杰认为跑跑腿的生意门槛很低，只要用心做，都能做出点名堂，而且员工大都是大学生兼职，工资福利等资金压力很小，基本上不会亏本。他的公司能够迅速占领市场的原因，在于他先人一步，在其他人没有想到的时候就把公司开了起来。杨俊杰说，当初和他一起创业的朋友很多，有做电商的，有做快递的，但短时间看来都没有他做得成功。

黄润甜是宁波大学服装设计专业2006级的本科生，出生于一个温州经商的家庭，父母有一间服装加工厂，主要为中小学生制作班服。黄润甜来到学校后发现学校有2万多学生，校园文化非常活跃，每天都有各种各样的集体活动。主要参加者的服装一般都是主办方租来的，或者是自己准备的，但助威团和工作人员的服装却很不统一，即使偶然有统一，也很不协调。最常见的就是套一件印有“宁波大学志愿者”字样的白色或红色文化衫。于是，黄润甜联系了几个志同道合的同学，开始尝试根据学生的需要为学校里举办的各种活动绘制个性的文化衫和广告衫，由父母的工厂负责生产。由于价格便宜、成本低廉，虽然赚得不多，但很受同学欢迎，很快就有了一定名气。越来越多活动主动找上门来的同时，一些学校周围小店的老板也纷纷找上门来，积极要求在文化衫上印制小广告并全额承担服装制作的费用。这样，学生就不用花钱就能得到整齐划一、团队个性鲜明的衣服。黄润甜的生意也越来越好做，每年仅学校运动会一次活动就可以赚到几万元。有了一定的积蓄以后，黄润甜聘请社会人员打理生意，自己在老师的帮助下，开了一间服装文化创意工作室，取名“江风鹭影”，专心从事设计工作，她和同学们的作品多次获得浙江省旅游服饰设计大奖。

第十三节

比别人多想一分钟就会少犯一次错误

创业最忌讳盲目和莽撞，不加思考、横冲直撞的创业者，结局一定很惨，比惨还要悲哀的是他们即使经历过惨痛的教训，却仍旧不知道原因。而且，因为他们不思考，他们还会一直惨下去。成功的创业者深谙思考的重要性，擅长思考、乐于思考，在创业的过程中，不仅对市场和竞争对手了如指掌，而且会花更多的时间认识自己的优势和弱点，尽量做到知己知彼。从事同样一份事业，有些人顺风顺水，有些人却跌跌撞撞。后者在羡慕前者的同时总是抱怨自己运气差，实际上，是他们不愿意思考。如果你比别人多思考一会儿，也许成功的就是你了。

当今世界，市场竞争激烈而残酷，一些创业者面对机会的诱惑，往往会做出不够理性的决定，最终犯下不可挽回的低级错误。创业者决策的时候一定要保持清醒而冷静的头脑，仔细客观地分析市场情况，切忌盲目行事。如果暂时找不到更为合理周密的计划，千万不能盲目决策，不能指望事情都会向着自己预想的方向发展，最为聪明理智的做法就是保持现状，以不变应万变。

大学生创业者确保自己不犯错误，或者少犯错误，是一件非常重要的事情。作为公司的掌舵者，创业者必须时刻提醒自己，要理性创业，在做出任何决定之前给自己留多一点思考的时间，因为一旦仓促做出了错误的决定，年轻的公司就会走上错误的发展道路，公司和公司相关的人都会受到不可弥补的伤害，团队创业的热情也会受到沉重打击。一个成功的创业者身后，一定倒下了一大片失败的人。谋定而后动，成功的概率会更高。创业前要认真思考、反复评估、考虑成熟再行动也不迟。创业中要与公司一起成长，公司的需要就是自己的需要，一边学习，一边思考，才能进步。马云曾经表示，全世界的企业家都是这样，而且企业越大、麻烦越大、责任越大。创业者应该花多点时间去研究别人的失败的原因，吸取教训，少走错路弯路。未来社会将从IT时代向DT时代转移，未来的革命从释放人的体能转变为释放人的思想，从制造的年代变为创造的年代。

在创业的圈子里有时候天道不一定酬勤，深度思考比勤奋工作更重要。大学生创业者比较普遍的一个误区是做得比较多，思考得比较少。创业的过程不是简单的机械运动，只要多做功，总会产生能量。创业中比做更重要的是思考，《孙子兵法》中有“夫未战而庙算胜者，得算多也；未战而庙算不胜者，得算少也。多算胜，少算不胜，而况于无算乎？吾以此观之，胜负见矣”的论断。

早些年给大学生上课的时候，我一般会在第一节课上给学生留下我所有的联系方式，生怕学生课后有问题找不到我。课后，我都会随时查看学生的问题，并及时回答。而且，有时候为了透彻地解决学生的问题，我需要查阅大量资料，经过认真研究后再把我认为比较正确的意见反馈给学生。时间长了，不仅把自己搞得很累，学生学习效果也不是很好。我发现班级里的很多学生越来越不爱思考，越来越依赖老师，甚至连课堂布置的一些小论文的选题都来问我。于是，有一天我在课堂上宣布，下课后学生所有的问题我都不再回答了，若有问题，可以在课堂上提出，但自己没有经过认真思考的问题我也拒绝回答。我这样做的目的是逼迫他们自己思考，而且结果要比想象中好很多，大部分同学交上来的作业都像模像样。到了课堂上的答疑时间，学生提出的问题都比较复杂深刻，我就动员大家一起讨论，再没有学生问我一些简单的问题了。

一个成功的创业公司的老板必须不断挖掘自己的系统思考能力，不断提高思考的高度、宽度和深度。如果创业者每天花 8 个小时在做，那一定要花 8 个小时以上的时间进行思考。否则，很有可能在以后要花 80、甚至是 800 个小时来为仓促做出的不合理的决定买单。

第十四节

细节决定成败

我们经常会发现同一条街上卖相同东西的店铺有多家，但顾客数量却差别很大。还有，我们买东西会经常光顾同一家店铺，吃面条会选择同一个馆子，甚至剪头发都喜欢指定的理发师。有没有想过为什么呢？是习惯使然吗？肯定不是。举个简单的例子。你如果在经常去的餐馆里偶然发现餐具不干净，或者食材不新鲜，下次你肯定会换另外一家。实际上，很多情况下，细节决定了公司的成败，尤其对于刚开始创业的大学生来讲，细节尤其重要。

我的一个学生在学校旁边的农贸市场开了一家小小的水果超市，发短信让我们几个老师过去品尝。我去了第一次之后就不愿意再去第二次了，虽然他的进货渠道正规，价格也很优惠，但店内灯光黯淡，看起来，水果一点光泽都没有。再加上水果摆放随意凌乱，丝毫没有品尝购买的欲望。例如，他把橙子和柚子摆在一起卖，本来个头挺大的橙子和柚子一比，又小又不起眼。水果陈列虽然是个小细节，但却能表现出美感和质感，能够烘托售卖气氛，刺激顾客的购买欲，进而提升销售业绩。

成功的水果店商一般会根据水果的分类、形状和大小分开陈列，各种颜色合理搭配。以苹果的摆放为例，最最养眼的摆放顺序是根据苹果的颜色层次摆放，最外面可以摆放颜色最鲜艳的苹果，如红蛇果；接下来可以摆放颜色翠绿的苹果，如青苹果；颜色橙黄的苹果，如黄元帅可以放在中间；颜色粉红的苹果，如红富士等可以放在店铺的最里面。另外，苹果和其他各种水果一样，表面颜色多少会有色差，看起来颜色鲜艳些的一面是正面，另外一面色泽暗淡些是它的背面。摆放时应该注意把颜色更好的正面对着顾客，这样更容易激发顾客的品尝和购买的欲望。

2013 年，大三女生张秋丹和同宿舍的 3 个大学同学一起在校园创业社区开了一间小小的甜品店，取名“樱花树下”。虽然小店的面积只有 16 个平方米左右，但在装修上她们动足了脑筋，四周的墙上装了大大的镜子，在视觉上大大地拓展了店内空间。桌椅都是个性化定做的，不仅和小店的装修风格相适应，而且每套桌椅的款式和颜色都各不相同。另外，每张桌子都有一块活动的留言板，来店内消费的大学生可以在上面留下想说的话或一些随意的涂鸦。小店在学生餐厅的对面，店内提供免费的 WIFI，三五个大学生在用完餐后结伴到小店坐坐，点一份冰淇淋或一杯饮料坐上几分钟，留下几个字再回宿舍。也有的年轻人顺脚进来，并不消费，只为了看看自己之前的留言是否有人回应。本来就是 4 个年轻美丽的女孩子自己开的小店，来的都是同龄人，其中很多都是她们的同学朋友，沟通起来非常容易，再加上小店设计的各个细节都很符合年轻人的个性。所以，小店从开门第一天起就非常红火。2014 年，张秋丹毕业后把小店转给了学妹。学妹为了感谢她们，就把她们四个人的照片挂在店内最显著的位置。

/ 第六课 /

领创——创无止境，新有灵犀

第一节

创新能让“石头飞起来”

如意公司老总储吉旺在公司技术部楼前亲笔题了一句话:“让石头飘起来。”很多人初看非常费解,因为一般情况下,石头只会静静地躺在地上,如果石头能够飞起来,一定是被赋予了超自然的力量。储吉旺的想法与众不同,他认为石头飞不起来不是石头的原因,而是没有足够的外力让它得到足够的速度。一旦遇到洪水、泥石流等情况,石头也会获得一定速度飘起来。正如《孙子兵法》中说:“激水之疾,至于漂石者,势也”。石头如此,人也是如此,企业更是如此。没有了推动力,没有了速度,人也会停滞不前,企业也会原地踏步,最终在市场竞争中落伍,直至消亡。对于创业者而言,能让石头飘起来的动力就是创新。

浙江绿源电动车董事长倪捷认为:“我们浙商在过去不乏闯劲,不乏机会主义,不乏头脑。但是,现在头脑不是最重要了。现在需要的是一种扎扎实实、不断创新的精神。”创新有可能会出现暂时的困难,或者面临失败的威胁,但裹足不前、因循守旧最终只能被市场淘汰。虽然新生事物的发展和壮大需要时间,但新生事物具有强大的生命力,代表着事物发展的方向,最终取得胜利的一定是新生事物。

当然,创新有时候是一种冒险,但绝对不是盲目的冒进。如何区别创新精神和冒进精神呢?哲学家举了个简单的例子:如果有一个山洞,传说山洞里有一桶金子,你想进去把金子拿出来。假如那山洞是一个狼洞,你进去就是冒险;假如那山洞是一个老虎洞,你进去就是冒进;又假如那山洞里藏的只是一捆木柴,那么,即使那是一个狗洞,你进去了也是冒进。哲学家的意思是说,冒险是这样一种东西,你经过努力,有可能得到,而且那东西值得你得到。否则,你只是冒进,死了都不值得。创业者一定要分清冒险与冒进的关系,要区分清楚什么是勇敢,什么是无知。无知的冒进只会使事情变得更糟,所有的行为将变得毫无意义,并且惹人耻笑。

第二节

创业者的衰老不是额头出现皱纹，而是停止创新的脚步

创新的本质是突破，即突破旧的思维定势和旧的常规戒律，其核心是“新”。[①]哲学家认为创新是对物质世界的解放，是自我意识的苏醒和发展。大学生的优点是机敏善变，思想开放，善于接受新事物，更善于利用新事物，创造新事物。他们经商“不拘古法，不唯习惯”，讲究的是居安思危，主动求变。

21 世纪是知识经济的时代，国家之间的竞争是科学技术的竞争，是人才的竞争；企业之间的竞争是核心技术的竞争；创业者之间的竞争是创新理念的竞争。没有创新，产品就没有市场，失去市场，企业只能关门大吉。创业的天空风云变幻，每一天、每一小时、甚至每分钟都会出现科学技术的革命，任何一项创新技术投入到产品中，都会导致市场产生翻天覆地的变化。具有创新精神的创业者总能在竞争激烈的商场上脱颖而出，不断创新的创业者永远走在别人前面，引领行业的发展。那些没有创新意识、始终一成不变的人只能被市场残酷地淘汰。

浙东学者一直强调凡学问必有宗旨，思虑必有体认，学术必有创制，反对拾人牙慧，鹦鹉学舌，以水济水，以语录为究竟的经生之学。用到创业中就是不要受到

① 谷力群.论大学生创业精神的培养[D].沈阳：辽宁大学，2013。

所谓成功创业人士的影响，从个人的理想和爱好出发，不能跟在别人的后面，亦步亦趋绝对不是立志创新创业者的做法。

创业者的创新能力是个人创业综合素质的集中反映，是创业精神在科技创新、知识创新、制度创新和文化创新等方面的综合体现。竞争的核心是创新，创业者需要不断突破自我，坚持锐意创新，才能让企业在竞争中占据有利地位。创新精神虽然不是创业者成功的充分条件，但肯定是创业者走向成功的必要条件。

新东方创始人俞敏洪向世界表明自己创新的豪情："宁可在改革的路上死掉，也不愿意死在原来成功的基因里。"

对于创业者来说，世界上除了自己的梦想不会改变之外，所有的一切都在不停地改变，就像地球的转动一样，永不停歇。世界变了，如果创业者没变，就成了"刻舟求剑"的古人。面对创业环境的改变，创业者必须要改变，而且要赶在环境变化之前改变，就是要创新。

2006 年，回到母校参加 20 年校庆的张宇慷慨解囊，一次性给母校捐款 100 万元，并承诺在自己毕业的学院内建立一间图书室，每年提供 10 万元的购书经费。读书时同学和老师都管他叫"富二代"，因为大家都记得张宇在校时就出手阔绰，时常请同学吃饭，送女同学的礼物也是高大上的。张宇却不认可大家的叫法，坚称自己只能勉强算个"创二代"。

张宇老家在奉化山区，父母从 20 世纪 80 年代开始承包了一座 50 亩左右的山地，山不算高，主要种植茶叶和板栗。就和村子里其他农户一样，生活还算富裕。再加上张宇父亲祖传一手炒茶的好手艺，不仅自家茶叶卖相好、价格高，村里村外很多农户也要请他上门指导炒茶，所以，张宇家的生活条件在当地算是比较好的。张宇是独生子，毕业后在宁波外贸公司做单证员做了 2 年。有一次，父亲收板栗的时候不小心摔坏了腰，张宇就听了母亲的话辞职回到老家管理山地。回到家，张宇才发现近些年茶叶和板栗的生意大不如前，原因之一是农忙时工人难找，采茶和收栗子都需要熟练工，不仅人工费贵得吓人，而且有时候有钱也请不到人；二是茶叶和板栗的销量不好，价格卖不上去。周围很多农户的山林都荒废掉了。张宇决定要改变原来的经营方式，主打生态旅游牌。他说服父母拿出多年的积蓄在山顶建了一排小别墅，别墅周围种上各种桂花树，给别墅取名“桂花小院”。把山腰的一部分茶园改种各种各样的果树，山脚种菜养鸡。游客住在山上，呼吸满是桂花芳香的新鲜空气，自己动手摘菜做饭，饭后采茶、摘果，健康惬意。虽然，很多人都认为他已经做得够好，但张宇却说现在做生意，不创新、肯定死。他现在正请专家给那座山重新规划设计，不断有新花样、新服务出来才能吸引更多的客户。

第三节

创新是传统行业的第二次生命

深厚坚实的传统行业基础是大学生创业的沃土。我国传统产业种类多、历史长，产业转型升级需要创新企业家和创新企业的引领和推动。绍兴的轻纺城、桐乡的毛纺市场都是在建国初期轻纺、纺织产业的基础上发展起来的老产业、新市场。永康的"中国五金城"也是在永康民间千百年传承的"打铁补锅"的传统产业基础上形成的；宁波"杉杉"、"罗蒙"、"雅戈尔"等服装品牌更是"红帮裁缝"的创新与发展。① 社会主义市场经济下传统行业对我国经济发展和社会稳定仍然起着重要的作用，是构成产业竞争优势的基础。纺织、服装、皮革、化纤等传统行业无论在内向还是外向竞争中都有明显的优势。用高新技术和先进管理理念为传统行业注入新活力是创新传统行业的重要途径，通过二次创业发掘市场潜力，拓展市场空间。

然而，我国目前仍有大量民营企业尚处于产业链的低端，抵御金融风险能力较弱。与国内外大型企业相比，这些民营企业普遍缺乏核心技术，只能在家庭作坊里仿造其他品牌产品获取利润。大部分的产品是"中国制造"，而非"中国创

① 张亦民."浙江现象"与"浙江精神"[J].今日浙江,2002,(6):16.

造”。人家吃肉，自己喝点肉汤。1 块钱的利润，别人赚 9 毛 6 分，自己能剩下 4 分已经很不错了。随着我国民众消费能力和消费水平的提升，品牌成为日趋重要的消费趋势。缺乏创新精神的创业者必然失去长期的发展动力。所以，这些小型民营企业的发展或早或晚都要经历一个发展的“平台期”，创新是唯一能够突破这个平台的途径。而在创业过程中创业者是创新的主要力量，他们要带领创业团队通过创新走出困境，化解危机。

2000 年 12 月中旬，前总理朱镕基曾高度评价台州飞跃集团及其负责人邱继宝：“飞跃，很了不起！你把高新技术引入到传统行业，使传统行业脱颖而出，一枝独秀，为中国缝纫机行业在世界上争得了一席之地。”为了让“日落西山”的缝纫机传统行业重新闪耀光芒，飞跃先后投入 2 亿多元对生产流水线进行高科技改造，努力制造世界上最好的缝纫机。在飞跃，技术革新每天都在发生。我国民营企业的希望就是用高科技来改造传统制造业，在掌握核心技术的基础上，延长产业链，扩大核心技术的应用范围，实现质和量的突破。仅仅依靠较低的劳动力成本支撑这种粗放型企业既不能和国外产品和技术相抗衡，也不能在国内持续拥有竞争力。[①]

传统产业的转型给大学生创业带来了巨大的商机。大学生创业者要“因时而变，顺势而行”。虽然，大学生创业之初通常是从产品的加工制造以及销售服务等开始做起。但如果长期处在产业链的低端，赚取微薄的利润，只能让企业处于被动的局面。所以，创业者需要有突破自身局限性的勇气，敢于转变发展模式，研究开发出核心生产技术，实现从资金与劳动密集为主的模式向知识与技术密集为主的模式转变，从而提高企业的核心竞争力，获得长期的发展动力。

1982 年，高天乐从温州师范学院数学系毕业后成了一名中学老师，2 年后在朋友的鼓动下到香港创业，主要是把柳市镇生产的电器运到香港去卖。后来，因为推销遇到困难，回到家乡，创建了乐清长城变压器厂。刚开始的时候，工厂充其

① 崔砺金．裂变：60 位浙商镜像[M]．杭州：浙江大学出版社．2009:58.

量就是个小作坊，启动资金只有5万元，工人也只有5个。虽然机床变压器是当地生产了10多年的老产品，但高天乐仍然选择它作为工厂生产的第1个产品。因为高天乐之前做过机床变压器的销售工作，对这个产品十分熟悉，他发现市场上原有的产品使用寿命比较短，质量还有很大的提升空间。于是，他从市场上买来各种型号的机床变压器，反复拆装、实验，通过大量的数据对比最终找出了影响产品寿命的原因。经过改进后的变压器使用寿命大大延长，赢得了客户的信任。办厂仅仅3个月，销售额就达到30多万元，第2年销售额更是一路飙升，超过了500多万元。

第四节

资本总是青睐有创新的项目

很多准备创业的大学生总是担心自己没有名气，募集不到资金，认为在资本市场寻找投资人如同大海捞针。实际上，社会上那些拥有大量热钱的投资人也在满世界找合作项目，他们的目光有时候非常独到，在选择投资项目的时候并不特别看重你现在是否有前期研发成果或者有一定的资金积累，而是倾向于支持一个创新的想法，一个有创意的点子。很多投资人更倾向于选择初始创业的小企业，主要原因是初始创业者总是那些勇于创新的人，再加上小企业技术创新效率高，有更多的活力，更能适应市场的变化。当然，企业规模小，发展空间大，需要的资金少，风险低却收益高，这也是投资者青睐小企业的原因。

创业比拼的就是谁能更快一步占领市场，创新在其中起到至关重要的作用。创新有很多种，管理创新、企业文化创新、产品创新、技术创新、销售创新，只要你在某一个关键点上进行创新，客户一看就喜欢，一用就顺手，拥有了客户，你就走在了市场的前面。

当今世界日新月异，市场瞬息万变。创新是应对变化的唯一出路，创新才能得到更多的资源，更好地活下去，不创新就死亡，这是创业的基本法则。柯达曾经是胶卷行业的老大，但是到了数码时代柯达也就归于平庸。诺基亚也曾是手机行业的老大，但在自媒体社会，苹果已经把它甩掉不知多少条街。

云霞从宁波大学的服装设计专业毕业后顺利进入当地一家中型服装厂任服装制版工程师，工作相对自由轻松，满世界参加服装发布会，寻找流行元素，回到单位后稍微修改一下就制成样板供领导层选择。云霞是个时尚的漂亮女孩，喜欢逛商场买衣服，更喜欢穿标新立异的衣服。因为经常出席高端活动，总担心自己精心挑选的衣服会在重要场合被撞衫，又苦于没有更多的钱到时装店量身定做，十分苦恼。一天，她灵机一动，自己动手设计，请工人裁剪缝制一套自己穿，足以保证衣服不会被撞衫。没想到，同行看见后，大为赞赏，纷纷过来询问服装品牌。云霞闲来一想，感觉这是个不错的创意，马上就到淘宝上去搜同类产品，结果更加坚定了信心。网上虽有定制服装的店铺，但衣服大都是普通款式，没发现有设计师设计定做且价格不高的服务。于是，云霞打定主意，立即行动起来。第二天，云霞就在网上注册了一家名为“独一无二”的服装店，并把已经设计好的衣服贴上去，承诺本店衣服只制作一套，一旦有顾客选中，马上销毁设计图纸，并提供上门量体服务。生意和预料中的一样顺利，衣服很受一些时尚女孩喜欢，她们没有经济实力，但又追求个性化的衣着。云霞在很短的时间内就募集到资金，很多服装行业的老板只看了一眼她的创意，就立马决定投资。于是，云霞马上辞职，招工租店，红红火火地干了起来。经过几年的发展，云霞的服装店已有工人 20 多名，在赚取金钱的同时，还收获了创新的快乐。看着自己店铺设计出来的衣服每一件都是世界上的唯一，云霞忙碌着、骄傲着。

第五节

创新从手边开始

在很多人眼中，创新是个巨大的工程，需要投入大量的科研经费，聘请很多科学专家，不分昼夜地待在实验室里摸索，就像造原子弹、航空母舰和航天飞机一样，都是那些科学家能干的活，根本不是普通人能做的事情。尤其是对于大学生从事的小微创业来说，不可能有那么多的财力和人力投入到企业创新中去。事实不全是这样，创新实际上像空气一样，无处不在。创新也不是看不见、摸不着的云，创新就在我们身边，就在习以为常的生活里。动辄耗费上亿经费的创新是创新，不花一分钱，只需要动动脑筋的创新也是创新。我们不妨对着镜子仔细观察一下自己，就能发现全身上下都有创新的痕迹存在。头上的发夹如今也是春意盎然，鲜红的樱桃、绿绿的小草、调皮的蜻蜓都被装饰上去，好不热闹。身上的衣服也是创新不断，各种面料、各种工艺、各种元素杂糅在一起，一会儿一个流行，想跟上服装创新的脚步，真是不容易呢。脚底下的鞋子更是重要的创新行业，一种品牌的鞋子有几十个、上百个系列是稀松平常的事，跑步有跑步鞋、篮球有篮球鞋、网球有网球鞋；训练有训练鞋，比赛有比赛鞋。独独一个品牌的篮球鞋不出个几代、十几代，都看不出来是在创新。

只要有心，创新就不是件太难的事。小时候，把开水装到玻璃瓶中捂手，后来，有人用软软的塑胶袋来装热水，是一种创新；再后来，通根电线在塑胶袋上用电加热，又是一种创新；近年来，在塑胶袋外面再缝制一些材料，制成暖手宝、暖手包等，更是一种创新。所以，对于创业者来说，创新既是件关乎企业生死存亡的大事，也是一件人人能做的极平常的事。最重要的是，创业者要有创新的精神和创新的意识。

2007 年 6 月，出生于一个普通杭州家庭的沈子凯因为朋友送的一盒漂亮火柴创造了怀旧艺术品牌火柴“纯真年代”。火柴虽说是世界上第二大平面收藏品，但进入 21 世纪后，国内城市中除了在宾馆已经很少见到火柴了，就是在农村，火柴也几乎被打火机取代。火柴承载着几代人的回忆，又因为民间“柴”通“财”，有不小的礼品价值。沈子凯以复兴我国火柴文化为经营理念，走个性化的文化创新路子，迎合现代人群怀念历史、怀念童年、寻找温暖的情感需要。前后不过 2 年的时间，“纯真年代”已经在国内主要城市和旅游景区开设了 30 家专卖店，有 300 多家经销商加盟，提供了 800 个就业岗位。

现在，创意马桶店在大城市已经不是什么稀罕事了，但要放在十几年前绝对是吸引大众眼球的生意。李小涵 2000 年就在宁波家装市场上开了这么一间店，专门出售各种艺术马桶，并提供马桶艺术设计以及上门装饰服务，生意火得一塌糊涂。李小涵大学读的是一个三本不入流的学校，但专业是她喜欢的艺术设计，她从小就喜欢涂涂画画，很喜欢到处涂鸦，而且有“画不惊人死不休的”的劲头。课余时间李小涵除了吃饭睡觉，就是找地方画画，先是老墙、窨井盖、挡车石墩，后来兴起把宿舍的马桶也画得美轮美奂。本来只是自娱自乐，后来被同学传将开去，周围宿舍求马桶画的人越来越多，索性和同学一起把整栋楼的马桶都给艺术了一把，各种秀峰灵水、飞鸟走兽、热带风景、沙漠绿洲、漫画人物等，应有尽有。究竟画了多少个马桶她都记不得了。为此，李小涵和她的伙伴们还在校报上火了一把。

大学 3 年级，李小涵看着师兄师姐们为了找到一份理想的工作，到处托关系、投简历，也是紧张焦虑，害怕自己到时候也是一样的境遇。辅导员老师的一句玩笑话却改变了她的职业方向:“别人怕找不到工作,李小涵你不用怕。你是远近闻名的马桶艺术家,实在不行你就画马桶挣钱呗。”说者无心,听者有意,李小涵决定做艺术马桶的老板。回家后和开小超市的父母一说,颇有经济头脑的父母拍双手赞成。说干就干,先由父母出资批发了10只马桶,李小涵画好后每只加100元放在超市里销售。生意出奇的好,不到一个礼拜马桶就卖光了,有人预约购买,还有人要求上门服务。1个学期下来,卖艺术马桶的收入比超市收入高得多,于是李小涵父母就关掉超市专门做起了艺术马桶的生意。李小涵毕业后也在城里家装市场开起了门店,起先全是手工绘画,后来与生产厂家合作,自己设计委托生产的马桶占了大部分,当然,她仍然保留手工绘画与上门绘画的服务,毕竟,在画画中她体验到的乐趣更多。如今,李小涵的网店和门店生意都很火爆,虽然竞争者越来越多,但她在马桶设计中不断创新,一直走在别人的前面。

马桶是老百姓生活中最普通的东西,会被很多人忽略。我们周围喜欢画画,并且画得好的人也不计其数。李小涵的成功就在于她拥有一双创新的眼睛,一种创业的思维,她把画画对了地方,画出了商机。

/ 第七课 /

联创——与朋友和对手一起成长

第一节

创业人的胸怀像大海一样宽阔

包容，是指以宽阔的胸怀和气度容纳不同的人和事，简单说就是大度、宽容和容纳。包容是创业者一种博大精深的做人境界，是人生丰富阅历积淀后的自我突破，它是处事的经验，也是交际的艺术，更是做人的胸怀。[①]

包容精神是中华民族的重要精神特质，也是创业精神的重要内容。体现的是海纳百川、雍容大度的胸襟和气度，博采众长、兼容并包的思维方式和精神境界，尊重差异、包容多元、发展共存的文化特质和精神品格。在管理层面，包容精神便从创业者个人的价值理念和交际精神转移到企业文化上来。

读书可以广智，宽容可以交友。雨果曾经说过："世界上最宽阔的是海洋，比海洋宽阔的是天空，比天空更宽阔的是人的胸怀。"曹植曾经说过："天称其高者，无以不覆，地成其广者，无以不载，日月称其明者，无以不照，江海称其大者，无以不容。"大学生创业者应有宽广的胸怀，能够把人与社会的关系以及人与宇宙的关系结合起来思考，在创业中有超前的全球意识；能够修己治人，善于学习、吸收全人类的文明成果，具备世界公民的文明素质和人文情怀、能够心系家乡、胸怀祖

① 成墨.北大商训—中国商界精英是怎样练成的[M].北京：印刷工业出版社，2013：17.

国、拥抱世界，牺牲小我，成全大家。

日本钢铁大王永野重雄就任富士钢铁所社长时就给秘书科长下达了严厉的命令："对我的一切意见，不管有多大，都要向我报告，但是有意见的人的名字别告诉我。"一般来说，创业负责人的意见下面的人很容易知道，相反，下面人的意见负责人却很难知晓。但是，企业里只有上行和下行的言路都畅通无阻，才能有更多的合理化建议，才能凝聚成一股更强的创造力和发展力。在创业的道路上要让所有的成员平等地参与进来，并且共同享有创业成果。在企业内部不断营造出一种平等、宽容、大度的创业文化和创业价值。

屠格涅夫曾经说过："不会宽容别人的人，也不配别人对你宽容。但是，谁又能说自己不需要宽容呢?"历史上的周瑜不是被诸葛亮气死的，因为诸葛亮只是使用了自己的智慧，做了他能够做的事情。是周瑜自己和自己过不去，被自己气死的。

以前听到一则小故事非常有趣，和大家分享一下。一个农场主家里养了一头母猪和一头奶牛，比邻而居，相安无事。母猪和奶牛慢慢长大以后，主人便每天早上来捉奶牛挤奶。母猪嫌奶牛打扰了它的好梦，就很生气："你产那么多奶干什么？都被人挤去喝了，不仅对你没一点好处，还打扰我睡觉。"然而，又过了些日子，主人一大早就来捉猪了，猪见状大声嚎哭。一旁的奶牛讥笑他小题大做："我每天被主人捉，都没有哭闹，只捉了你一次，你就这样。"猪听了委屈得不行："主人捉你，只是要你的奶。主人捉我，却是要我的命啊!"

故事中的母猪显然无法理解奶牛产奶是不受奶牛自己控制的，奶牛也同样不能理解主人为什么不需要母猪的奶，而只要母猪的肉。创业过程中也是一样，你站在自身的立场上考虑问题，明白自己需要什么和担心什么，但却并不十分清楚你的创业伙伴、你的投资人、你的客户以及你的产品消费者需要和担心什么。所以，用自己的想法来猜度他人是非常不合适的。特别是在人和人之间产生矛盾的时候，一定要先从对方的立场思考，仔细寻找自身的原因，才能进行有效的沟通。

郭中华大学毕业后选择留在宁波，在宁波大学附近租了一个店面，代理韵达快递生意。由于店面离大学生公寓楼比较近，除了每年的寒假和暑假，其他时间生意都比较红火。2013 年春节过后，店面隔壁一家修自行车的老板不做了，把店面盘给了一家来自安徽的外地人。令郭中华没想到的是安徽人也做起了快递，买下了申通快递的代理权，分明是抢自己的客源。虽然，心里有点不高兴，但也没有办法，店开的时间比较长，老师同学都比较熟悉了，另外租个店面，位置也没有这个好。渐渐地，郭中华发现安徽人虽然送的件数还比较可观，但可能是初来乍到，收的件数并不多，生意没有自家的好，敌意也就慢慢消除了。后来，郭中华发现安徽人没有汽车，取件送件都开的是三轮电动车，因为路途比较远，自己中午吃完饭出发就能赶上，安徽人每天都要吃中饭前出发。特别是冬天，骑电动车真是太冷了。考虑到自家的货一般都是装不满车的，于是郭中华主动提出帮安徽人带货，安徽人非常感激，每次都多给汽油费，而且主动打扫两家门前的垃圾。最让郭中华感动的是，2014 年 11 月，母亲病危住院，夫妻两人都要回去照顾并准备料理后事。店里实在离不开人，短时间很难找到合适的人看店，把店匆忙转让出去又有点舍不得。而且，正值“双十一”，快递最忙的时候，也是最赚钱的时候。正为难时，安徽人主动提出愿意替他们免费看店，并再三保证一定照顾好他的生意。实在没办法，郭中华两夫妻只能拜托他们。等他们处理完后事回来已经是 12 月中旬了，回到店里，发现一切井井有条，账目也十分清楚，算下来，今年的生意同比去年还多赚了好多钱，而到安徽人店里寄件的客人还是比较少。郭中华不知道该怎么感谢安徽邻居，把 1 个月的收益交给安徽人，却被安徽人拒绝了。从此，郭中华毫无保留地把自己多年来在学校做快递生意的经验告诉安徽人，还热心帮他们介绍客户。安徽人的生意也慢慢变好，两家本是竞争关系的同行结下了深厚的友谊。

第二节

手拉手，大家一起走

孔子在《论语·子路篇》中说："其身正，不令而行；其身不正，虽令不从。"创业中榜样的力量是无穷的，一个卓越的创业家一定是一名充满领导魅力的人，而不是仅仅依靠工作中的领导权力到处发号施令的人。创业负责人始终要以身作则，用自己的个人魅力影响和带动他人。创业本质上是由一个人到多个人的社会活动，是创业者引领他人共同实现创业目标的过程。严格意义上说，事情无论大小，都不是一个独立的人能够完成的。创业需要团队、员工、客户、管理部门等很多人的共同配合，人是构成创业元素中最核心的力量。当前的创业时代是团队的时代，是合作共赢的时代。个人的力量和团队的力量相比，只能是滴水和大海的数量关系。所以，团队负责人在做任何决定的时候，一定要从团队的利益考虑。负责人设定好发展目标以后，要千方百计将这个目标介绍给其他人，并说服其他人接受你的目标。首先是创业伙伴，以后可以是投资人、员工、公司合作方以及客户。大学生创业者组建团队、维持团队良好运作的能力是决定创业能否成功以及取得多大成功的首要因素。

创业路上朋友是最重要的伴，是治疗孤独最好的药。有时候，创业者的很多灵感来自于朋友的建议，或是在朋友的启发下产生的。作为创业者，"三教九流"

的朋友多多益善。老话总没错的:“在家靠父母,出门靠朋友”,“多个朋友多条路”,“滴水不成海,独木难成林”。

在创业者看来,天下没有不相识的人,只有没有结交的朋友。创业者交朋友的初衷不会是为了做生意,但朋友多了以后,生意总能隔三差五主动找上门来。创业者历来喜欢喝茶聚会、请客吃饭,喜欢结交各行各业的人。只要是愿意一起聊天的人都能成为创业者的朋友,大家在一起,先不谈生意,只要友谊存在,总会对事业有所帮助。朋友或许今天成不了自己的客户,但将来也许就会成为自己的客户;即使朋友一生都不会成为自己的客户,但朋友的亲戚朋友也许可以成为自己的客户;即使有的人不会和自己的事业产生交集,但大家经常交往,也有可能从不同的角度给自己一些建议。退一万步,朋友间单纯的谈笑风生,让自己短暂远离创业的劳顿,持有片刻的愉悦,也是一件对人生、对创业利好的事情。

第三节

心连心，沟通无止境

对待朋友，重要的不是你为对方做了什么，而在于你在与对方交往的时候是否用心了。对待创业伙伴也是一样，大家聚在一起创业是缘分，要用心对待每一个对你微笑，对你提意见的人。当然，分久必合，合久必分，大家总有分开的时候，但用心沟通可以更好地保证创业团队稳定性。因为“冰冻三尺非一日之寒”，导致创业团队分崩离析的矛盾不是一天产生的，而是一点一滴的小矛盾日积月累、得不到及时解决、不断沉淀到不能调和的阶段而最终暴发的。创业成功的85％与创业者人际关系和沟通方法相关联。著名天使投资人蔡文胜认为管人就是管心，正如《三国志・蜀志・马谡传》中所说“用兵之道，攻心为上，攻城为下。心战为上，兵战为下。”不成功的创业者各有各的不同，成功的创业者大体相似，都有着超凡的读心和沟通能力。但是，貌似与人喝个茶，说个话这种简简单单的事情，很多初出茅庐的大学生却最不容易搞定。特别是在创业起步阶段，把大部分精力都放在产品、市场和用户身上，忽略了沟通的重要性，最终导致曲终人散的结局。松下掌门人松下幸之助不止一次强调沟通的重要性：“管理企业，过去是沟通，现在是沟通，未来还是沟通。”

创业者与各色各类的人沟通实际上也是一个自我完善、自我修炼的过程。无论是财大气粗的投资人、亲密合作的团队成员、较真挑剔的客户还是不起眼的普通员工都会对企业的发展起到或多或少的作用。国内很多民营企业的老板因为不善沟通，就会在决策中刚愎自用，听不进不同的声音，很容易让企业迷失方向。创业者与人沟通并不需要特殊的艺术，就和日常生活中一样。大家坦诚相待，你对我善意，我报以微笑，你送我个李子，我回赠个桃子。

有人把创业团队比喻成草原上的狮群，狮群能够保持完整，代代繁衍下去主要靠狮子王。创业为了实现梦想，为了赚钱，肯定不是为了赌气。当利益冲突出现的时候，沟通是最好的办法。如果通过沟通能把竞争对手变成合作伙伴，那是最理想的解决办法。沟通成功的秘诀在于礼让，主动让出一部分利益，就可以化敌为友，甚至可以结成联盟，长久地合作下去，得到的利益肯定远远大于当初放弃的利益。俗语说得好，有钱大家一起赚，财散人才能聚。创业者如果主动把财富分散出去，身边自然就会聚拢一大批人陪你一起冲锋陷阵。

创业不是大学生个人的事情，特别是在中国，家庭观念比较浓厚。大学生一个人创业，就等于是一个家庭在创业。创业的过程中，家人、亲戚、朋友都会投入时间、精力、金钱和人情，这些都围绕在你周围，与你的成功失败休戚相关。所以，当你做出一个比较重要决策的时候，来自亲戚朋友的反对声就会铺天盖地而来。出发点都是好的，担心你的生活质量和事业前景。另外，创业还会与你的合作伙伴、公司股东、公司员工等紧密联系在一起。创业会产生经济利益的矛盾，团队内部人与人之间的矛盾是大学校园中单纯的同学关系无法比拟的。而大学生普遍单纯，缺少社会阅历，还需要在人际交往方面慢慢提高。多站在其他成员的角度思考问题，遇到问题主动交换意见，避免不必要的误会。此外，在团队利益面前一定要“亲兄弟、明算账”，凡事按照公司规章制度和商业法则办事。一般情况下，大学生刚开始创业的时候会选择同学、朋友作为合作伙伴，很多时候，为了不伤害私人感情，很容易忽略规章制度的重要性。这样的公司通常在起步阶段尚能顺利运行，一旦公司走上正轨，开始大幅度盈利，在巨大的利益面前，团队主要成员之间容易产生分歧。

坦诚促成信任、坦诚达成合作、坦诚化为凝聚力、坦诚造就伟业。人与人之间只有坦诚相待才能和谐相处、共同发展、创造辉煌。现实生活中，员工辞职的原因只有 2 个：一个是对得到的报酬不满意，另一个是对受到的尊重不满意，心里满藏委屈。公司损失最大的往往是因为第 2 个原因离开的人，因为这些人很可能具有一定的才华，而且离开后最有可能成为公司潜在的对手。所以，创业中的用人之道更应该坦诚以待，用人不疑，疑人不用。一个相互猜疑、尔虞我诈的团队或集团迟早要分裂；一个坦诚相待、团结和谐的群体才会发展壮大。

第四节

寻找合伙人,与伙伴一起成长

“三个臭皮匠,顶个诸葛亮”,说的正是团队合作的重要性。一个优秀创业者的身边一定拥有一个或多个重要的合伙人。一个人的能力是有限的,不可能对创业的方方面面都了如指掌,所以寻求志同道合的创业伙伴是必须要做好的事情。西汉司马迁《史记·高祖本记》中记载了汉高祖刘邦的一段话:“夫运筹帷幄之中,决胜千里之外,吾不如子房;镇国家,扶百姓,给馈饷,不绝粮道,吾不如萧何;连百万之军,战必胜,攻必克,吾不如韩信。此三者,皆人杰。吾能用之,此吾所以取天下也。项羽有一范增而不能用,此所以为我擒也。”创业者不必事必躬亲,但在找人、用人方面一定要有独到的眼光。很多投资人经常感叹在资本充裕、创业之风铺天盖地的今天,伯乐常有,而千里马却难寻。

阿里巴巴马云与“十八罗汉”的创业故事被世人津津乐道,马云在公开场合多次承认他的创业伙伴,甚至他的普通员工对互联网和阿里巴巴业务的认识都比自己精到,他们都能在自己的工作领域独当一面。选择创业的大学生也是一样,在创业初期就选择一个或几个人一起奋斗是一个明智的选择,遇到问题的时候合伙人一定可以和你一起承担风险与压力,共同为未来出谋划策,给你信心和力量。作为团队领袖需要做的就是把这些人团结在你身边,和他们一起分享创业的果实，创造积极和谐的工作环境让他们身心愉悦，对未来充满希望。在马云公寓里工作过的人都是阿里巴巴的创始人，创业团队成员持有公司大部分的股权。很多人认为只有更多地持有公司的股份，才能更好地掌握公司。实际情况正好相反，手握沙子，越是用力，手里的沙子越是变少。与别人分享的权力和财富越多，就会有更多的人团结在你的周围，为共同的梦想奋斗。

合伙人就像夫妻，没有最好，只有最合适；合伙人又像鞋子，没有最漂亮，只有最合脚。创业负责人努力寻找的合伙人不是最有才华、最有名气的人，而是最适合创业需要的人才。如果大学生在创业初期就想去挖那些业内有名望的人来任“CEO”，用马云的话来说就是“把波音飞机的引擎装到了拖拉机上”。马云最初的创业团队中的成员分别是他的妻子、同事和学生，既没有 MBA 之类的教育背景，也没有在名企的任职经历，但他们团结一致，渴望成功，会为了共同的梦想每天工作十七八个小时以上。大学生创业者资金和人脉资源有限，不可能吸引各行各业的顶尖高手加盟。实际上，对于大学生从事的小微企业创业来讲，并不是每个岗位都需要顶尖高手来做。例如财务、客服等工作只要耐心、细心就可胜任。

成功的创业领导人要给予团队成员足够的信任和发挥空间，绝不能事事过问，事事插手。如果管得太多，其他人就会觉得自己不需要动脑子，听老板的就好，没有具体命令的时候就会无所适从。合伙人之间的关系基于兴趣相同，互相信任，能够长期合作。创业者在选择合伙人时，不能出于短期利益需要，拿来就用，用后就丢，而是出于生活本身和实现梦想的需要，就像伴侣，年轻漂亮不是最重要的，重要的是结伴走得越远越好。成功的创业者一定会想方设法找到最适合自己的合伙人，找到以后，还要悉心经营感情，要给予合伙人最大的尊重、最大的空间和自由。因为这两者都是人最看重的东西，能够始终站在你身后、不离不弃的员工一定是能够在共同创业的道路上享有充分发展空间和自由的人。

当前，社会生存成本越来越高，找到合适的创业合伙人非常难，有时候，甚至比找老婆还要难上几倍。刻意在茫茫人群中寻找，肯定是件费时费力、又没好结果的笨办法。最初的时候，可以从同学朋友等身边的人下手，先拉上一两个，然后要充分施展你的个人魅力，吸引、感召别人加入。就像蜜蜂采蜜，蜜蜂不是靠眼睛去寻找哪一丛鲜花的花粉更香甜，而是自然而然地被花香吸引过去。当然，创业精神、企业发展目标、个人提升空间以及物质奖励都是吸引合伙人的重要武器。其中，精神层面的吸引力相对更加稳定，建立在共同创业梦想基础上的合伙关系相对更加长久。

其实，大多数的创业团队并不缺乏人才，更多的是缺乏用人的智慧和用人的制度。一匹“千里马”花重金买来了，就放在小房间里拴着，不仅不提供让它恣意奋蹄的空间，有时候还要人为设置绊马索一类的障碍，它怎么能够日行千里呢？一个由优秀人才组成的创业团队有可能形成一股强大的发展力量，但并不是只要把优秀人才聚到一起就能形成合力，在市场竞争中占据有利地位。相反地，一群普通草根组成的创业团队也有可能具有非凡的战斗力，只要他们拥有共同的梦想，劲往一处使，就能让企业插上翅膀。并且，在企业的发展过程中团队中的每个人都会在锻炼中提高，自然，整个团队也因此成为一支优秀的创业团队。

第五节

与用户和客户一起成长

企业能够活着的理由是能够获得利润，但利润只可能从客户那里来。因为，天底下的投资人都是要回报的，公司的员工都是要领薪水的，只有客户能从口袋里掏出钱来给你，但前提是企业提供的产品和服务能让客户满意。没有了客户，企业就成了无源之水；没有了客户，创业就失去了意义。创业者要用心了解客户的需求、压力和挑战，努力为客户提升竞争力，才能换来客户的关注，客户才能心甘情愿与企业长期合作、共同成长。

创业界有个法则，简单而重要，那就是无论什么时候用户和客户的价值都优先于老板索取的价值。《老子》三十六章有云："将欲取之，必先予之。"《周书》中也说"将欲取之，必姑与之。"创业如同做人，要从用户和客户口袋里赚钱，需要先期向他们提供有价值的产品和服务，如果能够成功地把索取的价值长期保持在创造的价值之下，企业一定能够健康平稳地发展。说得难听一点，创业好比钓鱼，成功的创业者善于放长线钓大鱼。

司马迁《史记》中的第一百二十九章有云："天下熙熙皆为利来，天下攘攘皆为利往。"创业者辛苦劳累也就是奔着钱去的，创业想要赚钱天经地义，但不能把掏光用户口袋里的钱当成赚钱的唯一办法。否则，只能暂时赚些小钱，因为客户都不是傻瓜，他们绝对不会一而再、再而三地被你把钱掏空。真正懂创业的人会在顾客消费的时候，细心为客户着想，尽量在满足需要的时候让用户省钱。马云曾经表示，如果阿里巴巴发现了金矿，但他们不会自己去挖，而是要请别人去挖，挖完后给自己一块金子就行。

成功是没有秘诀的，时刻站在用户和客户的立场上思考问题算是最接近成功秘诀的一条。在亚马逊总部的各个会议室中，无论参会人数多少，大家都会自然而然地留出一张空椅子。亚马逊集团董事会主席杰夫·贝佐斯(Jeff Bezos)称："空椅子象征着一种理念，那就是，最重要的人并不在场，他就是用户。"创业中，客户和用户是最重要的人群。投资人走掉，可以再找，一旦客户和用户不认可你的产品或服务，那就只能眼睁睁等死了。

创业过程中，有时候企业和用户之间是对立的关系，两者之间存在永不停歇的博弈。在这个人人创业、疯狂烧钱的年代，创业的本质并没有改变，那就是为用户创造价值。成为一个被用户欢迎的老板需要积累一定的社交底蕴才行，不能一味跟着创业的风向乱舞，只有感动用户才能保持好身体的平衡，尽最大努力驾驭这股风，把自己送到自己想去的地方。日常生活中"打动"和"感动"虽然只有一字之差，但在创业者与客户的交流中却有着天壤之别。"打动"用的是"事"，感动用的是"心"；"打动"带有一定的目的性和利益性，"感动"是发自内心的关怀。具体到企业和客户来讲，"打动"客户的手段有很多，比如降低产品价格、提高销售人员的销售技巧以及投入铺天盖地的广告等，背后仅仅是利益使然。而"感动"客户唯一的途径就是"心与心的交流与碰撞"，用无与伦比的产品质量和与客户共同成长的温情与爱心赢得客户心灵和情感的回应。

传说中有则描写天堂和地狱的画，颇耐人寻味：天堂和地狱的房间陈设都一样，都是一个大房间，桌子上堆满山珍海味，每个人只有一把用来进食的长柄勺子。不同的是地狱里的人只会拿长勺子舀食物往自己嘴里放，但是因为勺子太长、太重，不仅吃不到东西，还会打到别人。最终，里面所有人饭都没吃饱，每个人都气哼哼的，甚至有人大打出手。而天堂房间里却是欢声笑语，每个人脸上都洋溢着愉快的笑容。因为，他们会用大勺子舀起食物放到同伴的嘴里，同伴也同样会把他们拿到的食物喂给对方吃。这幅画告诉我们美好的世界需要我们互相帮助、无私奉献。一味想得到更多，最终只能失去更多。

当然，现实生活中就有这样用心为客户着想的老板。

有一天，我和几个大学同学到宁波一家很有人气的饭店吃饭。一个男同学争着要做东请客，一口气点了很多菜。不一会儿，一个年轻的经理走了过来，认真地说："打扰了，提个建议好吗？您四个人，点这么多菜一定吃不完。本店的菜分量比较足，趁热好吃，打包回去味道肯定不如堂食。"我们当时既惊诧，又不好意思。惊诧于还有饭店有钱不赚，嫌菜点多了；不好意思是被老板看成浪费粮食的暴发户。后来，我们听取了那个经理的意见，只保留了 4 个热菜，2 个冷菜，1 个汤。果然，菜品味道鲜美，吃得也饱。有了那次经历，后来我便经常带同事朋友光顾这家饭店。

第六节

尊重对手,和对手一起成长

对手是什么？对手就是金庸武侠小说《神雕侠侣》中的情花和断肠草。断肠草和情花相伴而生,断肠草可以解情花的剧毒。书中说到,无论哪种植物,在离它五步之内,必有它的克星。如果用到人与人之间,那就是对手之间的关系。所以,世界上如果有比你自己更了解你、更懂你的人,除了父母双亲,恐怕只剩下对手了。

经常有人说商场如战场,但商场有时候会比战场温情得多,战场上的胜利是建立在消灭敌人、击垮对方的基础上,而商场上可以和对手一起进步、共同成长。成功是创业的首要任务,若是能和竞争对手成为朋友,就说明创业者已经进入到做人和经商的最高境界了。在优秀创业者的眼者中,合作永远比竞争更重要。

儒家学派创始人孔子有一句名言:“君子和而不同,小人同而不和。”创业者和竞争对手应该秉承“和而不同”的理念,虽然不能总是附和对手,但也要和睦相处、与人友善。那些同行间你死我活、恶性竞争的结果,只能是两败俱伤,如果能够和竞争对手化干戈为玉帛,尽释前嫌、携手合作,把竞争压力转化为前进的动力,其结果一定是双方或多方共赢。

尊重创业竞争对手,向竞争对手虚心学习是创业者最重要的优秀品格。创业过程中的很多时候，包括公司的发展、产品的开发以及市场的拓展等都是和对手的发展同步的。对手之间的良性竞争是繁荣事业的核心动力，而创业者之间的惺惺相惜也演绎了创业世界中的温情故事。所以，开始创业的大学生一定不要对你的对手羡慕、嫉妒、恨，永远不要试着去搞垮对手，要学会欣赏对手的成功。

目光短浅的人眼睛总盯着对手口袋里的钱，恨不得一分不落地转移到自己口袋里。竞争对手遇到困难的时候，在一边偷偷高兴，巴不得对手永远跨不过这道坎。这样的人无论怎么奋斗，最终都只会是个小商人。眼光放在全球大市场，与同行共进退的才是真正的企业家，他们会在对手需要帮助的时候，毫不犹豫伸出手去。实际上，正如物理学上力的作用是相互的，你帮助别人也是帮助自己，在获得对手尊重的同时，自己也在业界树立了良好的企业形象。

日本三洋电机的创始人井植熏在向客人介绍自己企业的同时，总要带着尊重的口气，花几乎相同的时间来介绍同行业的强劲对手：索尼、松下、夏普电器等。或许就是这种“尊重”才使日本的电器能以一种集团的态势傲然纵横于世界市场。

创业者看到竞争对手日益强盛的时候，一定也是自己的事业欣欣向荣的时候；而当竞争对手渐渐走下坡路的时候，很有可能也是自己事业危机到来的时候。因为对手衰败的原因有可能是该产业整体走弱、产业生存环境恶化以及产业失去竞争力的先兆。在百事可乐早期发展的近 70 年里，一直是一种地方性的饮料品牌。直到 20 世纪初，它找准了可口可乐作为对手，才开始进入了一个新的时代。百事可乐和可口可乐这对伟大的对手，从彼此的身上寻找到了灵感和冲动，并造就了一场伟大的竞争。正如后来的经济学家所评论的：“百事可乐最大的成功是找到了一个成功的对手。”

所以，尊重创业对手，就是提高自己。20 世纪 70 年代，美国《华盛顿邮报》和《华盛顿明星新闻报》在传媒界竞争非常激烈。1972 年，水门事件最初被《华盛顿邮报》披露。总统尼克松为了警告《华盛顿邮报》，表示他只会接受《华盛顿明星新闻报》的采访，而把《华盛顿邮报》的记者赶出了白宫。出乎尼克松和《华盛顿邮报》的意料，《华盛顿明星新闻报》却发表社论表示他们绝不会成为白宫的工具来打压《华盛顿邮报》，若 2 家记者不能同时进入白宫采访，他们也将放弃采访。这样尊重与维护竞争对手利益的国际知名企业还有很多，他们共同的特点就是能够遵循公平竞争的商业法则，珍惜自身的良好企业形象，在尊重对手的时候赢得对手和全世界的尊重。

第七节

向对手学习可以更快地成长

创业活动充满竞争，竞争的结果就有胜利的一方，也有失败的一方。正确对待竞争、正确对待竞争对手是创业者智慧的体现。创业中竞争与合作是永恒的主题，但对手与伙伴却不是一成不变的。今天的对手很有可能就是明天的合作伙伴，同样，今天的伙伴说不定明天就成了竞争对手。所以，在合作中进行良性竞争，在残酷的竞争中积极寻求合作，实现“双赢”十分重要。

于是，有专家提出了“龟兔双赢理论”。“龟兔赛跑”的故事我们大家耳熟能详。兔子和乌龟赛跑，兔子因为太骄傲，一时大意在半路上睡着了，乌龟靠着坚持和运气获得了胜利。可是，有人提出，龟兔赛跑的故事不可能就这么结束了，因为兔子肯定不服气。于是，乌龟和兔子接着进行第 2 次赛跑。第 2 次，兔子一口气跑到终点，把乌龟远远地甩在身后，很轻松地赢了乌龟。乌龟第 2 次比赛输了，也不服气，因为前两次比赛都是在陆地上跑，自己的优势没有充分发挥出来。乌龟提出更改比赛路线进行第 3 次赛跑。兔子因为对自己的奔跑能力有十足的信心，想也不想就一口答应了。第 3 次比赛一开始，兔子依旧是一骑绝尘，乌龟落在后面几乎看不见。可是，临到终点前，被一条河挡住了去路，兔子不会游泳，过不去，只能眼巴巴地看着乌龟慢慢游泳过河，轻松拿了个第一。3 场比赛下来，兔子和乌龟都认识到他们各有优势，如果能够互相帮助，在团体比赛中肯定所向披靡。所以，以后再参加类似的越野比赛的时候，兔子和乌龟团结协作，陆地上兔子驮着乌龟跑，过河的时候，乌龟驮着兔子游，双方都能拿到冠军。

上述新版“龟兔赛跑”的故事充满哲理。对于处于竞争弱势的大学生创业者来说，遇到竞争对手，不能像乌龟一样期望竞争对手出现懈怠或失误，而是要及时调整竞争策略，用自己的优势压倒对手的劣势。如果发现即使充分发挥自己的优势仍然没有把握赢得胜利的时候，就要千方百计把竞争对手变成自己的合作伙伴。当前，越来越多的创业者已经认识到单凭自己的实力很难实现企业更快更好的发展，只有在不断强大自己的同时，转变竞争观念，多方寻找适合的竞争对手，共同提高，互惠互利。当然，实现优势互补，取得双赢的基础是大家必须要互相信任。而互相信任的前提是承认自己的不足，相信伙伴的能力，能够虚心向对方学习。

大自然中，空心的谷穗总是高傲地举头向天，炫耀不已；饱满的谷穗则只会把头向大地低垂，专注生长。世界上只有那些值得你虚心学习的人才能够称得上是真正的对手。某种意义上，竞争对手是最了解自己的人，尤其最清楚自己的缺点在哪里。对手就像一面镜子，通过向对手学习可以更加了解自己。而对手往往会躲在镜子后面，很多隐藏起来的优点不认真学习就发现不了。所有的对手都会有很多值得自己学习的地方，向强大的对手学习只会让自己变得更加强大，不能把对手当成外来入侵的物种加以剿杀。创业的道路上，对手永远都会存在，而且在很长一段时间内对手还会是你的目标和偶像。向目标和偶像学习，不断提升自己的竞争力，一点一点向目标靠近的过程其实是最快乐的。如同武侠小说中那些行走江湖的剑客，挑战高手是一件荣耀的事情。如果胜了对手，接着寻找下一个目标；如果战败，回家后继续修炼，下次再来。心中有了目标，才会有奋斗的动力，如果有一天真的成为“天下第一”、“独孤求败”的人物，生活就会变得索然无味，退出江湖就是最好的选择。

对手之间也可能是朋友，因为他们做着相同的事情，共同面对相似的困难，聚到一起会有很多共同的话题。开始创业生涯的大学生一定要把个人人格和公司形象放在第一位置，遵守市场规则，虚心向竞争对手学习，被对手超过之后，能够做到面带微笑，鼓掌叫好。当遇到对手嘲笑、讽刺、挖苦甚至无情打击的时候也要面带微笑地表示感谢，因为他们有助于你更加深刻地认识到自己的缺点。即使被打败后也要心平气和地总结教训，抓住每一个研究和学习对手的机会，期待在未来能够实现一个又一个漂亮的超越。

第八节

在阳光下看自己，在月光下欣赏人才

欣赏是创业团队成员心灵之间的沟通和对话，欣赏不会因为对方身份贵贱、财富多寡、学识深浅等外在因素而取舍和改变。一个懂得欣赏、尊重他人的人一定是个睿智、快乐的人。他会在阳光下看自己，不放过一点小缺陷，但看别人的时候一定是在月亮升起的时候。月光朦朦胧胧，柔美静谧，淡淡的阴影可以掩住一些微小的不足，只要整体和谐即好。这样的人一生会过得很愉快，创业的过程也会相对顺利。因为欣赏是相互的，你欣赏别人，别人也会报之以欣赏和尊重，建立一个提倡欣赏和尊重的创业团队是提升团队凝聚力的重要途径。一个人站在楼上看楼下的风景，他看到的只能是风景；而楼下的人如果抬起头就可以把那个楼上的人一起看进大楼的风景里去。抬起头欣赏是一种充满阳光和智慧的精神体验，既需要文化的沉淀，还需要领悟的能力。

现实中能力越强的人通常是优缺点都比较鲜明的人，创业者要想把一些志向相同，但个性不同的人凝聚在周围，就必须善于欣赏，在尊重他人能力、突出他人优点的同时，能够包容他们的个性。有个性的人大多是有“棱角”的，只要认真工作，不危害团队的利益，创业领导者应该做到“勿以一恶忘其善，勿以小瑕掩其功。”意见相左、看法不一的时候，创业者可以在坚持自己观点的同时耐心听取并保留那些不同的意见。这样，对方才会感觉到自己被尊重，才会自觉地把企业当成自己的家，把创业团队当成自己的家人。

人才是创业活动中能动性最大的资源，面对人才，最好的欣赏就是用其所长，并且“用人不疑，疑人不用”。要给人才足够的时间和空间发挥能量，坚决不能要求人家“早请示、晚汇报”，动不动就叫到跟前，提醒提醒，敲打敲打。当别人出现工作失误的时候，只要不是故意为之，而是为了公司的发展等客观原因出现的工作纰漏，既要让他们意识到自己的失误，并找出失误的原因，但也不要过分强调或夸大失误给公司造成的损失。创业本来就是一个不断探索、不断尝试、不断纠错的过程，要在一定范围内允许别人犯错。在你自己犯错的时候，大家才能体谅你，努力和你一起共渡难关。这样才能鼓励团队和员工不断开拓创新，才能创造出更大的财富和价值。

第九节

倾听的时候请抬起头

美国前总统克林顿办公桌上放了一块醒目的牌子，上面写着："我没有什么了不起"。这句话的由来和一个流传颇广的小故事有关系。话说有一天，克林顿任内到一家医院视察，人群中一个约摸10岁的小男孩挤到他跟前，但却什么话也不说，只是呆呆地盯着他看。于是，克林顿弯下腰，好奇地问："小朋友，你有什么事吗？"小朋友为难地回答："我想要您的签名，可以吗？"克林顿高兴地答应了孩子的要求。签完名后，小男孩又请求道："总统先生，您可以再给我签3张吗？"克林顿有些疑惑，就问："你为什么要那么多呢？"小男孩回答："其实，我保留您的1张签名就够了。但是我想再用3张您的签名去换1张迈克尔·乔丹的签名照。"听了小男孩的回答，克林顿笑着说："原来是这样啊，我一定满足你的要求。另外，我有个侄子也很喜欢乔丹，我想再给你6张签名，你帮我侄子也换1张乔丹的签名照，可以吗？"小男孩高兴地答应了。在场的人都笑了，为小男孩的可爱，更为总统先生的睿智和大度。

回到家里，克林顿和夫人希拉里讲述了这件有趣的事。希拉里说："亲爱的，我佩服你的聪明，更佩服你的低姿态。同时我要提醒你一句话——你没什么了不起！"于是，克林顿就把夫人的话刻在牌子上，立在办公桌上，时刻提醒自己在人际交往中要放低姿态，抬起头，虚心地听取别人的意见。[①]

大学生意气风发，总希望周围的人能够认真听取自己的见解，理解并支持自己所做出的所有决定。然而，有很多人没有意识到取得别人的尊重和理解的前提是别人在说的时候，不管有无道理，你都要尽量放低自己，抬起头，看着别人的眼睛，认真听完别人的意见。这样做既是一种修养，也是一种智慧。虽然在你自己创办的公司里，你代表着至高的权力，周围的人都听命于你，很多时候并不是因为你的个人魅力，而纯粹是冲着你的位置带给你的权力。走出公司，混在人群中，不认识的人一定不觉得你有多么了不起。在创业过程中，与人交际非常重要，千万不能因为自己的社会地位比别人高，拥有的财富比别人多，公司的股票市值比别人高就颐指气使。真正的强者一定是那些尊重别人，蹲下身，抬起头，耐心倾听别人，尽量满足他人的人。

① 邢延国. 巴菲特给青少年的忠告[M]. 北京：中国纺织出版社，2011：14—15.

第十节

创业者成功与否很大程度在于认识了谁

美国有一句流行语："一个人能否成功，不在于你知道什么，而是在于你认识谁。"人脉关系在创业中是一种极其重要的资源。李嘉诚说过："传统的人际关系是最便捷、最经济、也是最可靠的资源。"2015 年 3 月，中央电视台《中国经济生活大调查》大数据显示，47.8%的人把人脉关系列为创业最重要的条件，高居各个选项之首。这也进一步验证了人际关系专家卡耐基的公式"成功＝85%的人脉关系＋15%的专业知识"的正确性。对于创业者来说，人脉关系就是生意，人脉关系就是财富。[①] 大学生创业起步阶段，开发市场不是一件容易的事情，因为企业刚刚成立，还没有什么知名度，诚信经营的形象也没有树立。这个时期，人脉关系就显得格外重要，良好的人际关系能使人在创业中占据主动，左右逢源。特别是在中国，做同样的事情脸熟的人就要比陌生人容易得多。所谓"天时不如地利，地利不如人和"。在社会分工越来越细的现代社会，任何人都不可能脱离社会和群体独自完成一项任务。老话有云："一个篱笆三个桩，一个好汉三个帮"。如果能在创业初期得到他人的帮助，事业之路将会顺风顺水。相反，创业者总是关注别人身上

① 贾昌荣. 毕业就创业[M]. 北京：中国社会科学出版社，2010：54.

的缺点，打心眼里瞧不起别人，就会失去一次次宝贵的合作机会和一个个潜在的合作伙伴和朋友。

创业中的人脉关系是以创业者为中心，由许许多多的点、线和面构成的立体交际网络，建立人脉网络是创业者的头等大事。经营人脉需要耐心，要从长远着眼，是一份关乎未来的投资。虽然，有时候在短时间内看不到明显收益，甚至有的关系一生也未必用上，但人脉是必须付出的投资。就像国防，国家不一定会打仗，但国防时时刻刻都必须做好。

创业中合作远比竞争更为经济实惠，创业者为人处事中要以创业大局为重，不能对局部的、微小的利益斤斤计较，不以一城一池的得失来决定整个创业的成败。人脉关系的建立和维系是考验创业者智商和情商的重要标准，创业路上靠自己单枪匹马闯天下在当今社会是行不通的。创业需要处理和应对方方面面的社会关系，不可避免地要和工商、税务、质检、银行等职能部门以及采购、宣传、市场等各种单位和个人打交道，良好的人际关系能有效地提高创业成功率。

还没有开始创业的大学生在学习和工作中也要注意充分积累人脉资源关系，为未来的创业打下坚实的基础，减少创业风险。人脉是创业者的业务命脉，创业合作伙伴、公司员工以及现有和潜在的顾客群都在人脉网络中。大学生的亲戚朋友、同学同事、客户厂商、单位领导等都是建立人脉的基本对象。部分大学生在毕业后总感觉自己混得不好，不愿意与大学的老师和同学保持联系，还有一部分人在跳槽后便主动放弃了与以前单位领导和同事的联络，这将会丢掉许多宝贵的人脉资源，尤其是对继续留在同一行业工作或创业的人，损失巨大。因为以前老板和同事已经建立起比较稳定的业务人脉网络，不存在竞争的情况下，如果得到对方的许可是可以分享同一个人脉网络的，这比起从零开始新建一个网络要省时省力很多。

大学生创业者建立和维持良好人脉关系的基础是信任。很多人在社会媒体的影响下容易把社会想得过于复杂，人心过于险恶，总感觉周围都是心怀叵测的骗子，生怕自己上当受骗。过度的怀疑和防范很容易把朋友拒之门外，孤立自己。

信任别人才容易交到朋友，不能处处从自己的利益出发，只在所谓对自己有用的圈子里交朋友，只有以情感平等交流的目的去“广结善缘”才能交到真正的朋友，建立牢固的感情纽带。

此外，大学生在创业交往中要注意谦虚低调。虽然创业者的资历有时候的确不能等同于能力，但资历也是一种重要的标签。每一个有资历的创业者都会有不同层次的积累，都希望被别人、特别是后辈尊重。虽然，那些有资历前辈的钱没你挣得多，产品影响没你的大，但他们经历的东西比你多，见识比你深刻。在和有资力的创业者交往中，必要的尊重和谦虚会让你得到意想不到的收获。

给予是培养人脉的关键。大学生在创业过程中寻求别人的帮助是不可避免的事情，但别人是否慷慨援手的前提很有可能就是你之前是否帮助过他们。力的作用是相互的，人和人之间的感情也是相互的。总有一方要先伸出手，而且先伸手一方的好处肯定远远大于另外一方，所谓“滴水之恩当涌泉相报”，你送人一粒芝麻，别人会还你一个西瓜。即使遇到小气的人，你丢失的也就是一粒芝麻而已，和你在创业圈内树立的“乐于助人”的良好形象相比，甚至连浮云都算不上。

第十一节

员工的问题其实是老板的问题

对于初次创业的大学生来说，管理员工往往会成为一个比较棘手的问题。大学生一般从小微企业起步，手下的人比较少，相应的管理规章制度都没有跟上，很多处理意见和决定都凭老板一张嘴。曾经听到太多大学生创业者对员工的抱怨，抱怨人心不古；抱怨员工没有把老板的事业当成自己的事业；抱怨员工总想拿更多的钱却又不愿意多付出。诸如此类，不胜枚举。仿佛创业中的问题不是自己的问题，都是员工的问题，都是社会的问题。

其实不然，所有员工的问题就是老板的问题，是创业者自己管理的问题。员工到你这里干活，是就业，不是创业，他们只需要用自己劳动获取相应的报酬即可。而老板却不一样，老板的劳动是创业，不仅要考虑自己，更要考虑创业所有方面的问题，员工的问题也只是其中一个方面的问题。老板要求员工像自己一样对待企业是不公平的，天下没有那种不为名利、死心塌地为你卖命的傻瓜。所以，老板需要通过一定的绩效考核机制和企业文化建设来提高员工的积极性和责任感。如果老板一味只考虑自己，总想让员工少吃草，多挤奶，最终只会给企业带来麻烦。

俞颂武老家在四川农村，家里有一个读高中的妹妹，家庭条件比较困难，来到宁波读大学读书后，减轻父母经济负担成了他的第一要务。俞颂武利用课余时间到学校附近的餐馆打工，端盘子、送外卖、洗碗洗菜什么都干，因为人比较老实，腿脚又勤快，很受餐馆老板的喜欢。大学四年下来，除了第一学年学费是家里提供的以外，其余三年的学费和生活费都是自己打工赚来的，每月还会从剩余的钱中拿出一部分寄给家里的妹妹。当然，四年的餐馆打工生活也让俞颂武熟悉了餐馆的管理和经营常识。于是，大学毕业后，一心想要改善家庭经济条件的俞颂武没有和同学一起选择读研，而是受江苏卫视《非诚勿扰》主持人孟非的影响在宁波市区开了一间"重庆小面"馆。

从贷款、租店面到聘任厨师都很顺利，生意开张后俞颂武招了两名洗碗阿姨，每人 2 000 元月薪，两人都还比较勤快，厨房收拾得干净利落。仅仅过了一个月，俞颂武就发现两名阿姨相对比较空闲，经常聚在一起聊天。于是为了节省佣工费，就辞退一名阿姨，给留下的阿姨每月增加 1 000 元的工资，让她一个人做本来两个人做的活。虽然，每个月省下了 1 000 元钱，但在用餐高峰期一个阿姨实在来不及处理堆积如山的餐具，厨房里又脏又乱，厨师和服务员一直抱怨。后来，那个留下的阿姨也因为活太重离开了，重新招聘也没有招到合适的人，不得已让两个服务员兼着。再后来，也因为在员工使用上相对苛刻等原因，面店一直在招聘、离职中徘徊，生意也逐渐不景气，最终只能惨淡关门。

/ 第八课 /

诚创——诚信是面镜子，一旦打破，永难修补

第一节

大企业靠诚信发展

诚信就是重规则、守契约、讲信用，言必信，信必果。老子曾曰："人无信不立，国则衰。"诚信是中华民族的传统美德，是当代大学生必须具备的修养。对于企业来讲，诚信是一种形象、一个品牌，是企业安身立命的基础。对于创业者来讲，诚信就是实事求是，不虚假、不欺诈，遵守承诺，讲究信誉。

2001 年，南京冠生园用回收的月饼馅加工月饼的事件经过中央电视台曝光后，这家 1918 年成立，分店遍布大江南北的知名民族企业就此轰然倒下，不仅月饼没人买，公司生产的所有食品都没人买，甚至还连累了一直诚信经营的上海冠生园。2008 年，河北省知名乳业三鹿集团因为"三聚氰胺事件"导致成千上万名婴幼儿失去健康，更有 6 名幼儿不幸离世。虽然，三鹿集团最终走向破产，相关负责人也受到应有的处罚，但教训是血淋淋的。金钱失去了，可以再挣，但生命失去了，永远不会有第 2 次，企业的诚信丢弃了，企业也就没有存在的基础了。

诚信是现代社会文明的基石，诚信也是创业的基石，基石不牢固，顶层建筑只能是无根之木，无源之水，随时面临分崩离析的危险。创业者诚信为人，诚信立业，诚信是创业的保障，能够长期生存下来的企业一定是诚信经营的企业，长期受人尊重的创业者一定是诚信的人。胡庆余堂诚信戒欺的故事世代流传，诚信立业的精神也是创业精神的重要代表。

胡庆余堂里面的招牌、匾额很多，大都是朝外挂的，唯独有一块横匾却是面向里面，一般人很难发现，那就是面向耕心草堂悬挂的“戒欺”横匾。“戒欺”两个大字是胡雪岩亲自所写。“凡百贸易均着不得欺字，药业关系性命，尤为万不可欺。余存心济世，誓不以劣品弋取厚利，唯愿诸君心余之心，采办务真，修制务精，不至欺予以欺世人，是则造福冥冥，谓诸君之善为余谋也可，谓诸君之善自为谋亦可。”这是创始人胡雪岩对胡庆余堂经营者的谆谆告诫，是胡庆余堂制药的铁定规则，也是胡庆余堂称雄制药界的原因所在。

1999 年，奥康集团接到一位日本客商的业务订单，虽然数量并不大，但对于正向国外拓展市场的奥康人来讲是个绝好的机会。奥康集团保质保量地完成了生产任务，正准备装货海运到日本时，台风不期而至。等到台风离开，可以装货上船，可是离合同的交货期只有 2 天了，海运根本不可能在合同交货截止日期前到货。如果按照双方合同，台风属于不可抗因素，奥康集团可以延迟发货。但集团负责人王振滔坚决要求把货物空运到日本，虽然他明知道海运改为空运后的运输成本大大增加了，但若延迟到货很可能会给日本客户造成损失。日本客商后来知道这件事情以后，非常感激奥康集团这种诚信负责的做法。投之以桃，报之以李。这位日本客商把接下来的几笔大业务都放心地交给了奥康，从此双方建立了长期稳定的合作关系。由于有了良好的声誉，到目前为止，日本已成为奥康集团在国外市场的最大客户。

湖州丝绸之路老板凌兰芳在创业的头 2 年里负债将近 3 000 万元，而在 20 世纪 90 年代的体制下，银行和他所在的国有公司之间的债务可以核销，但他却向银行承诺所有贷款都会如数归还。有一次，公司要还湖州市农行 11 万元的利息，但公司账面上根本没有钱，凌兰芳和他的员工就集资凑齐，赶在还款日之前送到银行。这样的诚信感动了很多人，包括银行和客户。许多大型国有企业将价值几千万元的煤炭、焦炭、炉料、火车车辆、钢材等优先卖给他们，并且允许他们欠账。这样，因为诚信，凌兰芳赢得了尊重，在各方面的帮助下，企业又重新焕发了生机。

第二节

小企业靠诚信立身

大学生创业大多是从小微企业开始，虽然说船小好掉头，但船小抵抗风浪的能力就小，所以，相对于大企业，诚信经营对于小微企业来说更为重要。一旦因为诚信出了问题，不仅是一夜回到解放前的问题，很多人因此在当地都没法生存下去。现代人消费的途径多种多样，很多是通过网络。因为在线消费，主顾双方无法面对面直接充分交流，双方之间的信任只能靠产品质量和服务一点一点建立起来，一旦客户在某一细小的环节发现有不诚信的地方，马上会转向其他地方消费。特别是当今信息技术如此发达，同类产品搜索起来毫不费力，给你个差评点点鼠标即可，分分钟让你哭天抢地。

当前，大学生创办的小微企业融资难的问题十分普遍，表面上看缺的是钱，实质上缺的是诚信。由于大学生创办的小微企业在融资时大多没有足够、有效的抵质押物，同时因为资历尚浅，很难找到符合条件的社会担保，大学生创业者只能依赖诚信这一创业中最重要的无形资产去向社会融资。如果从正规渠道得到的融资失败，只能走民间借贷的路子，不仅利息高，还容易引起连锁反应，造成社会不稳定。然而，有些大学生急功近利，希望在最短时间内得到最多的财富，会篡改财务报表或编造多套账目，还有些人经常恶意拖欠贷款，偷税漏税，产品假冒伪劣、偷工减料、以次充好。这些失信行为严重影响银行、税务部门和社会对小微企业的信用评价，使银行等金融机构对小微企业融资缺乏积极性，进而加剧小微企业融资难问题。

陈大雷是一名 80 后，2005 年大学毕业后没有和同学一起继续深造，而是回到老家丽水当起了农民。2008 年他率先联合本村的几个种养殖大户成立了合作社，一开始，很多农户并不信任这个农民大学生，虽经多方游说，只有 53 名群众加入。第 1 年，合作社只有 8.4 万元盈利，但为了实现成立合作社之初向农户承诺当年返利的诺言，陈大雷自己又拿出 1 万多元，让每名社员都拿到 2 000 元红利。这个举动，让老百姓看到了这个年轻人的诚信，第 2 年，社员人数猛增，一下子达到 200 人。

2012 年，陈大雷看准天然有机农特产品的巨大市场空间，发动社员种植有机农产品，并承诺免费供给苗种，预付定金，全部回收销售。2015 年，他争取到外地一家食品企业的紫薯订单，按照买方的要求购买良种育苗，免费提供给签约农户，并和农户口头约定，长出来的紫薯全部回收。秋收时，部分农户由于没有种植经验，再加上当年地老虎等虫害严重，收上来的紫薯不仅个头小，表面还有很多虫洞，买方拒绝收购。有人劝陈大雷，合作社和农户之间只有口头协议，并没有正式合同，而且紫薯达不到收购要求农户应该负主要责任。陈大雷则不以为然，他认为说出去的话就必须兑现，否则在村里还怎么做人。他把社员交上来不符合要求的紫薯以高价统统买下，然后以低价到市场销售。虽然那一年前后亏掉 10 万多元，但陈大雷却一点儿都不后悔，因为社员从此后更加信任他，干劲更加足了。

第三节

无诚信，难做人，更难创业

诚信是面镜子，照得见自己，也照得见别人。诚信的镜子一旦打破，将永难修补。

曾经听到过一个小故事，感受颇深，忍不住拿出来分享。有一个中国留学生在日本一家餐馆打工，主要工作是清洗餐具，老板规定餐具必须清洗7遍，多劳多得。这位留学生认真做了1个月以后，嫌薪水太低，心生一计，把清洗的7道工序减少到6道。于是，清洗的速度果然比别人快了一些，薪水也比别人高了些，虽然开始心里还有些惴惴不安，但在餐馆的卫生抽检中顺利通过给他吃了颗定心丸。慢慢地，他胆子越来越大，逐渐把清洗的工序由6道改为5道、4道，薪水比别人高了许多。同事又羡慕，又好奇，跑过来问他，他得意洋洋地和盘托出。同事听后，逐渐远离了他，他还非常不理解，笑话别人迂腐。但是，没过多久，老板发现了他的行为立即开除了他。后来，日本没有一家餐馆愿意给他一份工作，他的房东在房租到期后拒绝把房子继续租给他。再后来，他就读的大学也因为他的诚信问题劝他退学，认为他影响了学校的声誉。最后，他只好回到了中国。

诚信一旦遇到危机，恢复起来十分不易。所谓“病来如山倒，病去如抽丝。”20世纪80年代，温州一些商家因为涉嫌制假售假、偷税漏税、虚假宣传、以次充好等不良行为受到全国人民的抵制。那时温州制鞋企业已经发展到了 6 000 余家。但一些技术落后、工艺水平低下的小企业生产假冒伪劣温州鞋，问题鞋大量进入市场后，温州鞋业受到重创。有一年，杭州相关部门检查市场上鞋子的质量，发现了 18 种鞋子的底板和帮头都是纸壳做的，其中 16 种鞋为温州生产。杭州人形象地称这种短命鞋为“星期鞋”、“晨昏鞋”。全国鞋店开始排斥温州鞋，很多商店贴出“本店不售温州鞋”的承诺，温州鞋业遭受了毁灭性的打击。此后，温州人为了重塑温州鞋的形象，采取了多种措施规范生产，打击伪劣产品。1987 年 8 月 8 日，在杭州市中心的武林广场，5 000 多双产自温州的劣质皮鞋被熊熊大火吞噬。这把火，竟然引发了全国性的“火烧温州鞋”连锁反应，多地群起效仿。就是将温州人的声誉钉在耻辱柱的这把火，烧醒了温州人的质量和信用意识。后来，温州人就把 8 月 8 日定为“诚信日”，以此来谨记这个惨痛的教训。1988 年 6 月，中国皮鞋行业第一个行业协会“温州市鹿城鞋业协会”宣告成立。在授牌仪式上，协会联合 370 多位鞋厂厂长发出倡议：“凡我鞋业同仁，都要以鞋城声誉为重，讲究皮鞋质量，不赚昧心钱。”1999 年 12 月 15 日，奥康集团总裁王振滔在杭州点燃一把火，烧毁了 2 000 多双假冒温州名牌的伪劣皮鞋，这把火也被叫做“雪耻之火”，标志着温州鞋业浴火重生。①

2009 年，距离宁波大学北大门约 1000 米的地方，新开了一家羊绒衫厂，里面有一个挺大的直营店面，出售本厂生产的各种款式羊毛衫。因为离学校比较近，我们几个老师中午散步，闲逛进去，发现店内商品款式比较多，价格实惠。于是，我们每人都挑了 1 件，回家穿起来非常柔软暖和，感觉羊绒含量比较高。元旦的时候，工厂为了吸引学校的老师购买，联系学校工会，向每位老师免费赠送一条羊绒围巾和一张 8 折贵宾卡。围巾拿到手后，感觉质量非常差，然而标签上却标注含 100％山羊绒。有好事的老师，把围巾送到学校实验室检测，发现羊绒含量最多

---

① 温州日报. 杭城三把火见证温州皮鞋荣辱[EB/OL]. (2010－06－01)[2018－05－01]. http://www.wzrb.com.cn/article25433show.html.

不超过20%，而且，第一次水洗时掉色也很厉害。虽然是免费赠送的产品，但老师们仍然有上当受骗的感觉，包括前几次买过真品羊绒衫的人都不愿意再去购买。后来，我又去店里看过一次，里面卖的羊绒围巾质量真的很好，价格在500元上下，却没有找到赠送我们的同款围巾。也许，老板认为学校有4000多名老师，每人送1条500元围巾，对于刚开业的小厂来讲，花费实在巨大。于是，选择单独生产一批质量不佳的赠品。其实，如果厂家据实标出围巾的各种成分，即使羊绒含量比较低，相信老师们也不会如此反感，进而怀疑厂家的诚信。

一个企业，特别是刚成立的小企业，要想在消费者之间树立起良好的诚信，需要在很长一段时间内付出巨大的努力。诚信很难建立，但破坏起来却相当容易，而且一旦破坏，将很难重新建立。上文中那家企业本来产品性价比很高，只要坚持下去，一定会吸引越来越多的顾客。但因为一件小事触碰了诚信的底线，结果只能得不偿失。

第四节

诚信赢得未来

人世间，做人做事的确是一门深奥的学问。做事先做人，成功先诚信是从小到大一直萦绕在我们耳边的谆谆教导。以诚待人，以信取人，是中华民族最为优秀的传统，也是我们为人处世的基础和原则。生活中，大家总是喜欢与诚信的人相处，愿意帮助那些诚实善良、信守承诺的人。创业者在创业的道路上必须坚守诚信，才能形成和谐融洽、相互信任的创业环境。大学生创业者只要言行一致，说到做到，持久坚持，就能享有盛誉，获得更多的力量和机会。

诚实守信、遵纪守法、合法经营，这是创业者必须遵守的法律规定，也是社会主义市场经济价值取向。市场经济，既是法治经济，又是诚信经济，诚信是创业者的“试金石”。树立自己“诚实守信”的创业者和企业良好形象是创业者取得成功的关键，也是创业者留给世界的最大财富，大学生创业者不仅要利用诚信为企业创造价值，同时还要承担起把诚信继续传承发展，用个人的诚信影响全社会的历史重任。

清泉花园小区门口有一家油条店，每天早上生意火爆，排队的人要弯上好几个圈。老板是对年轻的夫妻，听邻居说两人来自丽水农村，在宁波读大学期间相恋并在毕业后双双留在宁波发展。两人找了同一家公司，老公跑销售，老婆做办公室文案,后来有了一个可爱的女儿,日子平淡幸福。当女儿读小学 4 年级的时候不幸患上了严重的过敏性紫癜。为了照顾女儿,妻子辞去了工作,摆起早点摊卖油条,丈夫早上搭把手后再去上班。这样一来能有空余的时间跑医院,二来也可以增加点收入。一开始炸油条的时候,他们也和同行一样到农贸市场买散装油,并且重复使用。直到有一天,女儿无意中和他们说起班里的小朋友因为买路边摊上的小吃生病住院了,再加上女儿本身就是过敏性体质,吃东西需要加倍注意,夫妻俩这才意识到健康用油的重要性。于是,从此以后,夫妻俩炸油条用的油都是从大型超市里买的品牌油,并郑重承诺:“本摊使用的油绝不重复使用”。虽然一开始他们还会为每天倒掉的几斤油可惜,但生意却一下子好了起来,甚至在每根油条从 1 元涨到 2 元后仍然供不应求。小区里的人早锻炼后习惯提一串油条回家,还有很多人慕名从很远的地方开车过来买。于是,老板准备的面团越来越大,收入也越来越多。

第五节

诚信的机会只有一次

"人不信于一时，则不信于一世"。创业的机会有很多次，但诚信的机会只有一次，只要你有一次丧失了诚信，你的信任度就会下降，甚至还会出现信任危机。美国一个9岁小男孩在图画课时，应老师所求带去了他天天喂的广场鸽中的1只。然而他第2天再去时，原本与他亲密无间的鸽子再也不愿飞到他身边了。如果小男孩没有这样做，那么鸽群还会和以前一样的。相反，即使犯下很难饶恕的错误，只要肯诚实坦白，勇敢承认错误，周围的人还是会原谅。美国开国总统华盛顿幼年时砍倒了父亲的樱桃树。父亲非常生气，扬言要给砍树的人一顿教训。而华盛顿在盛怒的父亲面前毫不避讳地承认了自己的错误。父亲被感动了，称华盛顿的诚实比所有樱桃树都宝贵得多。

曾经有位企业家说过："二十一世纪是品牌的时代，是靠名字赚钱的年代。"这说明在新世纪创业生活中，诚实守信是多么的重要。就算有了成功的宣传，如果没有诚信的质量，那也是不能成功的。如果社会上所有人都偶然会缺少诚信，我们的生活将不可想象，每个人都会生活在恐惧当中：喝牛奶的时候不敢张嘴，担心牛奶里添加了有害健康的化学物质；买回家的水果不敢吃，担心上面的农药；别人好心给你指路，你却总担心人家会图财害命。

财富丢了可以再赚，可信任就和生命一样，每个人的机会只有一次啊，诚信丢失了就再也找不回来了。创业名人尚且因为诚信的缺失损失惨重，普通创业者更会在诚信上栽跟头。特别是有些人一直诚信经营，只因为偶然一次的不诚信后悔莫及。

梁秋然的家乡是我国最有名的水晶之乡，父母从事水晶加工的小生意。她来到温州读大学，经常会送女同学一些水晶制成的项链、手链、耳坠之类的小饰品，因为色彩艳丽，寓意丰富，价格又相对低廉，女孩子都很喜欢。于是，有同学就向梁秋然求购，梁秋然自然非常愿意，既能搞好同学关系，又能赚点小钱，何乐不为呢？当然，梁秋然卖给同学的水晶都是货真价实的天然水晶，价格也就比成本高一点点。所以，慕名前来的同学越来越多，一些人买来除了自己戴，还会送给亲戚朋友。毕业的时候梁秋然已经有了一定的积蓄，在男朋友的鼓励下，她放弃了当中学老师的机会，留在温州在大学旁边开了一间水晶饰品店，取名“斑斓岁月”。一开始，生意还挺好。可是，慢慢地周围饰品店也都开始卖水晶，而且为了低价竞争，一些商家用人造水晶、养晶、爆花水晶、染色水晶、玻璃等来冒充天然水晶。随着生产工艺的进步，真假水晶、优晶次晶等鉴别起来非常困难，有的质量差的水晶外形却比优质水晶还要晶莹剔透，还要美轮美奂，普通消费者根本无法正确鉴别。因为假水晶、次水晶价格更低，反而卖得更火。再加上水晶饰品和铂金、玉石、黄金等珠宝饰品相比属于低端饰品，一般人买来也就短期佩戴，不会长期收藏，特别是消费群体主要是大学生，拮据而又喜新厌旧的一群，他们只是喜欢水晶的晶莹剔透，也不太在意水晶的品质。于是，只卖真品的梁秋然生意越来越差。为了把店铺撑下去，梁秋然也开始卖一些仿制品和次品，一开始，她在卖前认真告诉顾客品质优劣，但顾客往往在弄清楚真相后转身就走。于是，到后来梁秋然就不再主动解释，顾客问起来才会介绍。这一天，一位年轻女性走到店里称自己喜欢收藏水晶，想多买几款。好几个月没有这样的大客户了，梁秋然自然热情招待，其中客人挑选了一款紫色的旗袍链是染色水晶，结账的时候顾客问了一句：“这些都是天然水晶正品吧？”梁秋然为了这一单生意不黄，违心地点了点头。她也为此纠结了几天，以为事情从此就会过去。不想，一个礼拜后，她的店铺就上了诚信黑名单，原来上次那位女顾客实际是个记者，买她水晶是为了暗中调查温州饰品市场的质量。再后悔也没有用，梁秋然深知错的是自己，于是黯然离开了经营十几年的水晶生意。

第六节

吹牛与真牛的区别就是诚信

吹牛与真牛的评判标准在于最后能否实现，吹牛的人与真正牛人的区别在于是否诚信。吹牛和真牛其实很不一样，吹牛的人把牛皮吹上天也不是真牛。真牛的人，得干活，像老黄牛一样干活，不仅勇敢而且执着。吹牛的人没有底气、没有数据支撑，承诺完以后就如同一阵风吹过，什么也不管了；真牛的人承诺的时候是经过深思熟虑的，背后有详实的数据作为参考，诺言就是一个目标，并会为此付出艰辛的努力，最终也会成功地兑现诺言。吹牛的人通常光顾着吹牛，没过多久就会现出原形，能吹的机会也越来越少。真正的创业牛人是有创业艺术的人，他们每次都比现实目标说得大那么一点点，不是为了博得眼球，而是为了更好地激励自己和团队发挥更大的潜能去完成更高的目标。每达到一个目标，实现对团队和公众的承诺，团队和老百姓就会更加信任你，诚信更加根深蒂固。

大学生创业与传统创业者不同，很多大学生创业项目起步阶段并不具备盈利能力，很多人甚至都没有制定过清晰的盈利模式。一般来讲，辉煌的发展愿景、夸大其词的承诺更能吸引社会的关注，可以为企业和产品造势。而且，投资人更看重的是大学生创业者的激情和梦想，创业者和项目受到的关注越多，盈利的可能性越大。

风起云涌的大学生创业浪潮是在创业前辈的引领下出现的，年轻的大学生创业者在创业前辈身上学到一些“吹牛”的本领，特别是像马云一样激情四射的互联网创业者给予大学生的影响是巨大的。很多大学生创业者会有一种误解，认为在创业时代每个创业者都必须学会包装、推销和美化自己，吹牛是一种成功的营销方式，在创业起步阶段就吹牛，可以节省一些营销费用。然而，他们一不小心把牛人和吹牛混在了一起。吹牛多是凭空吹嘘，画饼充饥，实质是欺骗。而牛人放大的是自己的梦想、目标和到达的能力，释放的是一种强烈的感召力，背后有勤奋智慧的团队以及企业真实的数据保障。

著名的莱特兄弟开始研究飞行器的时候没有足够的经费，他们用自行车店的收入来支撑他们的梦想。但是，他们俩一直相信自己的梦想，相信人类一定可以在天上翱翔，他们不停地告诉别人飞行器能够改变世界，他们能够造出飞行器。尽管，当时包括军队、媒体以及政府的很多人都不相信他们，认为他们在吹牛，在开玩笑，这些人坚信任何重于空气的机械产品都不可能飞上天。但是，英特兄弟靠这样的方式激励了一帮人，每次失败或者是成功的飞行总有观众来到现场为他们加油。一位设计发动机的工程师帮他们设计了一台 12 马力、重量只有 70 公斤的汽油发动机，解决了飞行动力的难题。经过不断的尝试，不断的探索，1903 年 12 月 17 日，莱特兄弟的梦想实现了，他们是名副其实的牛人。1909 年 3 月，美国陆军部正式向莱特兄弟订货，他们成立了莱特飞机公司。

虽然表面上看，吹牛不需要成本，甚至有一些胆大的人还为此得到了投资人的信任，大笔的资金注入进来，企业前景一片光明。但是，牛皮不可能总是在天上飞，总有一天要掉下来，美丽的泡沫终究有破灭的时候。吹牛的成本非常大，那就是诚信，诚信的成本一旦失去，创业就会进入死胡同，创业者也会受到所有人的唾弃。

2014 年，曾创办“超级课程表”，拿过创新谷的种子轮、红杉的千万 A 轮等投资，也获得过阿里巴巴风投的 90 后 CEO 余佳文参加 CCTV《青年中国说》栏目，一时兴起，放出青春豪言壮语：“我们公司只招 90 后，明年发 1 亿利润给员工开心一下”。面对铺天盖地的质疑，余佳文低调了1年，并没有对1亿元分红有任何的交代。第2年，余佳文在参加CCTV《开讲啦》节目上被问及当初的誓言时，他出乎意料地表示90后的企业是玩出来的，甚至大言不惭地说：“我一半还没发。然后我准备今年年底在广州搞个超大型的余佳文认怂会。我认怂怎么了，我就是做不到，我做不到我也认怂，年轻人要敢作敢当，做不到就做不到嘛，怕什么？”做不到没关系，也没人逼着你去做超过自己能力范围的事情，但做不到就不应该承诺，更不应该当着几亿电视观众的面承诺。公关和炒作可以成功吸引公众的眼球，获得投资人的兴趣，但创业的成功绝对不能依靠公关和炒作，而是诚信。2014年失信门事件后，余佳文成了自己口中的跳梁小丑，大家都认为他就是“一个狂妄的骗子”。很多投资人离他而去，俞敏洪放弃投资“超级课程表”，就是因为他失信1亿元红利的承诺。

/ 第九课 /

乐创——因为创业,所以快乐

第一节

创业是生活，失败是境界

创业的快乐包含着成功的快乐，但创业的快乐绝不仅仅是成功的快乐。创业的快乐是生活的快乐、自由的快乐、随心的快乐。

大学生对自己有信心，对身边的人有信心，对这个世界有信心。相信生活在于奋斗，只要梦想还在，对创业的爱还在，生活就一定充满阳光和快乐。

《庄子·逍遥游》中有云："蟪蛄（寒蝉）不知春秋。"意思是蝉只能活过1个夏天，所以就不知道1年中还有春、秋、冬另外，3个季节。高僧昙鸾在其《往生论注》中说："如言蟪蛄不识春秋，伊虫岂知朱阳之节乎？知者言知耳。"意思是蝉既然不懂春秋，也未必了解夏天，因为它没有在其他季节生存过，没有比较，是不可能真正了解夏天的。生活也是一样，如果一个人从来没有历经不幸，就不会真正品尝到幸福的滋味；如果没有历经失败，就不会真正感受到成功的快乐。

人世间有一种英雄主义令人感动，那就是在看透生活本质以后依然热爱它。记得奥巴马曾经说过："成功的人往往是那些犯错误次数最多的人。"面对失败，创业者要保持一颗炽热的、乐观向上的心。创业实际上就是一种普通的生活方式，不是为了成功，也不是为了利益，只是为了自己心甘情愿的生活。一个人既然选择了这种生活方式，就要全身心地拥抱它，因为它既是你的作品，也是你的生活。

民间谚语有云："积极的心态像太阳，照到哪里哪里亮；消极的心态像月亮，初一十五不一样。"积极、乐观的人会用自己的积极心态感染创业团队的人，消极的人通常会在创业前考虑并纠结于所有不利的因素，患得患失、不敢行动。对于年轻的创业者来说，多年创业生涯最终成功与否并不是最重要的，最重要的是要用快乐的心态做正确的事情，努力享受不断前行的过程。

第二节

像向日葵一样追随梦想

美国学者拿破仑·希尔说过这样一段话:“人与人之间只有很小的差异,但这种很小的差异却造成了巨大的差异。这种很小的差异就是所具备的心态是积极的还是消极的,巨大的差异就是成功和失败。”

积极的心态有助于创业者在心里永远保留一团希望的火焰,通过血液把希望和能量充满全身,与困难展开殊死搏斗,永不后退,即使倒下,身体也是热的。消极心态会让创业者的生活充满沮丧和失望,除了自怨自艾,就是看不惯所有的东西。明明是晴空万里,他偏要拿着显微镜来指责空气中那些细小的尘埃。

乡间地头,向日葵是开得最热情、最奔放、最明艳的花朵,无论是成片成林,还是3株5株,无论生长在肥沃的土壤,还是根植墙角地头,向日葵都会在太阳的照耀下挺立怒放。那笔直的腰杆,那沉甸甸的头颅,那种全身心拥抱光芒的姿态,震撼着每一个注视她的人。有诗人说向日葵是一种时刻奔跑的花,她时刻准备奔向太阳,就如同嫦娥奔向月亮一样。尽管历经狂风暴雨,只要有一丝阳光透过云层,向日葵就会使出浑身的力量转过头去,对着光明微笑,几许深情,几许疯狂。向日葵一生都勇敢地追随太阳,为了亲近灿烂的阳光,不断努力让自己变得更加强壮、更加高大。为了使自己愈发完美,高高扬起的头颅有时候也会有片刻低下,悄然沉思。秋天，田野瓜果飘香的时候，向日葵却含蓄地低着头，默默地注视着大地。

大学生也应该像向日葵一样，创业刚开始的时候，虽然没有收获，但有轻快的步伐，向着成功的太阳飞奔；创业初现成果的时候，不能骄傲，保持冷静的头脑，低调而充实地生活。因为现在的大学生创业者生活压力没有前辈那般沉重，所以在创业中更愿意为自己的理想而活，享受阳光、展现自己、绽放青春是他们创业的目的。他们就是一群向日葵般任性而疯狂的人，为了心中的梦想热情奔放地活着，没有悲伤，没有忧虑，困难不能使他们低头，风雨不能让他们折节。依傍向日葵而生的藤蔓虽然可以轻松地顺着秸秆爬到和向日葵一般高，但它一辈子都只能生活在向日葵的节奏中，因为它没有挺直的腰杆，没有自己的重量。

第三节

有时候也不妨做做小鸵鸟

很多人不喜欢鸵鸟，因为从小就受到老师的教育要摒弃“鸵鸟心态”，因为鸵鸟喜欢逃避现实，不敢直面危险与困难，是一种懦弱行为。心理学家通过研究发现，现代人面对压力大多会采取回避态度，明知问题即将发生也不去想对策，结果只会使问题更趋复杂、更难处理。就像鸵鸟被逼得走投无路时，就把头钻进沙子里。

人的智商高低有别，人的能力有大有小，天赋可以影响人生，包括成功与失败。但天赋与生俱来，不能强求，一个人能做的就是通过后天的努力学习尽可能把事情做好。如果不顾个人天赋和能力，硬要去做超过自己能力范围的事情，生活就会疲惫不堪。就像一支篮球队中能把整个球队扛在肩上的人也就那么一两个，其他人做好自己，防住对位的人，抢好篮板，延缓对手进攻的速度，为队友做好挡拆，传好球，尽最大能力不失误。如果，每个人都要求自己能像麦克格雷迪一样在 35 秒内得到 13 分，真是太不现实了。

而且，“木秀于林，风必摧之。”创业世界中，狂风暴雨是家常便饭，血雨腥风转瞬即至。面对暴风雨，马云说：“冒雨不如躲雨。”冒雨前行，虽然勇气可嘉，但大风影响了你的听觉，大雨遮住了你的视线，不仅容易迷失方向，还可能发生生命危险。而且，不管暴风雨多么可怕，总有雨过天晴的时候，这时候再出发，方向更清晰，路上更安全。此外，你也可以利用躲雨的时间认真观察天气，思考未来。

所以，创业者有时候刻意做做鸵鸟并不是苟且偷生，而是一种理性而睿智的选择。鸵鸟把头埋进沙堆的初衷并不是想放弃自己的生命，而是想躲过眼前的危险。创业大潮波涛汹涌，各种内在和外在的因素都有可能影响决策。作为企业的负责人，如何对待残酷的市场竞争是一门深奥的学问。次次拔剑出手，天天斗个你死我活并不是最正确、最有效的方法，有时候退一步海阔天空，忍一时风平浪静，对于商业对手咄咄逼人的进攻视而不见，保存经济实力往往也能够收到意想不到的好结果。

2014 年秋天，小雨随先生来到宁波生活，先生应聘到一家大型科研机构，小雨因为只有本科学历，来的时候又怀着孕，所以没找到合适的工作。小雨就在先生单位旁边的步行街租了一间小门店卖奶茶。因为小雨人长得漂亮，声音柔和动听，很多人愿意到她的小店消费，逐渐引起了周围一些商家的嫉妒。那些人以为小雨是外地人，又是刚来的，人生地不熟好欺负，就故意把垃圾丢到小雨的店门口。经常是小雨早上来开门的时候，门前垃圾堆了一堆，有时候还有一摊一摊的脏水。小雨总是耐心打扫干净后再开门营业，如果看见隔壁店面门口有垃圾没倒掉，也会一起送到十几米远的垃圾站。有人看不下去，替小雨打抱不平，建议小雨找管理部门，或者骂他们一顿。小雨总是笑笑，说：“做生意嘛，和气生财。我也可以借着打扫卫生的机会锻炼锻炼身体。”2 个月后，小雨的肚子渐渐大了起来，那些泼水倒垃圾的商户自己也觉得愧疚，不仅不再欺负小雨，还抢着替小雨买饭、倒垃圾。

小雨本是弱者，在面对所谓强者步步紧逼的时候，选择的是善良隐忍，并以德报怨。最后，弱者慢慢变成了强者，得到了对手的尊重。要相信，人心从善，你付出了，别人多少有些回报。即使没有回报，你的付出也会为自己争取到发展的时间。

第四节

用一颗感恩的心，与世界一起分享创业的快乐

历史铭记的不是世界上那些拥有巨额财富的人，而是那些把财富献给世界和人类的人。人们之所以信仰上帝，不是因为上帝有多富有，而是上帝给芸芸众生带来了幸福的生活。

一棵树种在自家的院子里，只会给自家人乘凉祛暑；如果把那棵树种到大路旁，所有经过这条路的人都可以享受清凉。这样，便会有更多的人种更多的树在更多的路上。慢慢地，无论走到哪里都有阴凉，都可以得到别人的恩惠。

感恩，才能让创业者的心变得豁达，变得有智慧。给予永远比得到更加令人愉快。2015 年 12 月 1 日，年仅 31 岁的美国“脸书”首席执行官马克·扎克伯格宣布，他和他的妻子普丽希拉·陈将把所持公司股份的 99%捐献给社会用于慈善和公益事业。作为上市企业，“脸书”市场价值大约 3 000 亿美元，马克·扎克伯格所持有的股份现值约 450 亿美元。在美国，超级富豪捐赠巨额财产的事情十分寻常，但大多都在年纪比较大的时候才实施，像小扎刚过而立之年就成为顶级捐赠者的一员的确引人瞩目。其实，捐赠无所谓多少，因为爱心无法衡量。但“千金散尽，与人同乐”的财富观却值得国内的创业者们认真学习，仔细体味。

感恩是一种精神意义上的东西，不受法律约束，全凭个人自觉。创业者素来

讲究“盖财之为道，一方务在鸠聚，一方务在散发。”也就是“春风风人，夏雨雨人”。通俗些讲，就是财聚人散，财散人聚。传说陶朱公范蠡经商后曾“十九年之中三致千金”，却又三次把千金散尽。赵安中也曾经表示：“创业、聚财是一种满足，散财、捐赠是一种乐趣。”被誉为“华夏助学第一人”的邵逸夫虽然已经驾鹤西去，但他留给全世界创业者的话依然掷地有声：“一个企业家的最高境界就是慈善家。”

首先创业者要有一颗感恩的心，才能扛起企业和社会的责任。国内首善陈光标不是最富有的创业者，但却是中国最高调做慈善的人。他的财富观十分深刻精到：“如果你的财富只有一杯水，那么就自己喝；如果有一桶水，就分给身边的人喝；如果是一条河，则应该与其他更多的人分享。”均瑶集团掌门人王均金上任后一直强调一个企业只有为社会创造更多的价值，企业和企业家的存在才有价值。

大学生刚刚开始创业，很多时候连自己的温饱都无法解决，绝对不能用“一桶水”或“一条河”来苛求他，但豁达的财富观念还是要具备。一根火柴的火苗虽然很小，但足以点燃自己、温暖别人。理想需要分享，财富同样需要分享。如何看待金钱和财富，仁者见仁，智者见智。有人认为对待钱财可以像看油画一样，退到更远的距离，才能看明白。离得很近，黑和白都分不清楚；退得远一点，就能明白黑是为了衬托白；再远点，才能知道整幅画的意趣。创业者离财富越近，钱就是一串阿拉伯数字或者是一堆花纸；离远些再看，数字就可以幻化为美丽的图像，如孩子脸上的笑容、坚固的房屋、宽敞的马路以及先进的医疗设备等。

美国 Likeable Local 创始人 Dave Kerpen 的一篇创业感恩祷告在坊间广为流传，值得我们反复阅读：“我感谢我的客户，他们给我反馈来建立一家更好的企业。我感谢我的那些潜在客户，他们问很聪明的问题，来使我的销售团队变得更好。我感谢我的合作伙伴和代理，他们帮助我们公司完成那些我们自己做不好的事情。我感谢我的管理团队，他们率领公司经历顺境和逆境。我感谢我所有的员工，他们每天都努力工作，去完成我们的使命。我感谢我们的顾问和投资人，他们给我指导，以及成长所必须的现金。我感谢媒体，他们帮助宣传我们所做的。我也感谢和我一起的创业者，他们用他们的经历和见解来教导我。我感谢我的朋友，他们理解我在时间上做的牺牲。我感谢我的家人，他们爱我，并且无条件地支持我。我感谢上帝，因为他指导我走在正确的路上。今天，而且每一天，我会是一个感恩的创业者。”①

柳如阳是一名患有先天性脑瘫的女孩，虽然前后经历10余次手术，但生活仍然无法自理。走路剪刀步，时刻需要人搀扶，上洗手间也需要人帮忙。因为疾病，父亲离家而去，母亲一个人含辛茹苦把她养大。柳如阳从小就很要强，学习总是在年级里名列前茅，高考时以超过一本线40分的优异成绩被宁波大学录取。为了帮助她顺利完成学业，学校减免了全部费用，允许她妈妈到学校陪读，并为妈妈安排了学生宿舍管理员的工作。柳如阳学习认真刻苦，本科毕业后保送本校研究生。研究生毕业后，经过学校推荐进入一家软件公司做售后服务。过了2年，柳如阳辞职创业开发游戏软件。谈到辞职的理由，小姑娘坚定地说：“我要多赚点钱，让妈妈生活得好一些，让所有帮助过我的人看见我的价值。”只要有点积蓄，小姑娘就想办法帮助社会上需要帮助的人。为了回报母校对自己的帮助，柳如阳还捐款修建了一条跑道，她说跑起来是自己一生的梦想。虽然自己可能永远不能在这条跑道上奔跑，但可以让同龄人尽情享受奔跑的快乐，自己也会快乐。虽然，她如今已过30，没有房，没有车，也没有男朋友，但她依然很快乐。因为感恩，所以快乐。

① 天天向上. 一个创业者的感恩祷告[EB/OL].(2013－11－28)[2018－05－15]. http://www.cnetnews.com.cn/2013/628/2997185.shtml.

第五节

做个快乐的人，让忧虑走开

每个人都希望自己能够每一分钟都幸福快乐，可现实生活中很多人都把自己弄得每一秒钟都不快乐。传说古代有一个很不开心的国王，命大臣去找世间最快乐的人。最后找到一个生活贫困的农夫自称“每一天都很快乐”，问其原因，农夫回答：“我曾经因为没钱买鞋、光脚走路而苦恼，直到有一天我在街上看见一个没有脚的人。”国王顿时释然，快乐简单实在，烦恼都是自找的。

创业从一开始来到世界上，从头到脚每一个毛孔都充满着焦虑和矛盾。一个企业的开创者需要面对的挫折无以计数，每一秒钟都会遇到没有想过的问题。而且即使这一秒钟没什么问题出现，那么下一秒钟问题出现的几率更大。创业之路荆棘丛生，创业者经常伤痕累累、心力交瘁。特别是一些年轻的创业者在创业初期干劲十足，仗着自己年轻力壮，不注意身体和心理健康，熬夜加班应酬是家常便饭，遇到一点心理问题便难以排遣，任由问题慢慢变大。

英国心理医生特罗茜·罗尔说：“忧郁症是我们为自己构筑的心灵牢狱，而且正因为是我们自己构筑的，所以，我们就有能力用自己的双手打开枷锁把自己解放出来。”

大学生的创业故事如天上的繁星，数也数不完，创业中的困难如河底的沙粒一样，大大小小、不计其数。如果不能勇敢地让忧虑走开，保持心情平和舒畅，就会活得非常辛苦，非常不快乐。对于已经过去的得与失不要计较，更不要跟自己过不去。因为过去的已经成为了历史，而历史是不能像电影一样翻拍的。面对眼前创业中遇到的困难，要认真对待，及时调整。如果你实在没有能力改变，或者不愿意花精力去改变，那就顺其自然吧，努力做到“得之坦然，失之淡然”。所谓“人外有人，天外有天”，大学生创业者需要在创业中保持一个平和淡泊的心态，既不为自身的弱小而妄自菲薄，也不因自身强大而骄傲狂妄，做好自己，过好生活，就是最好。

对于公司的前景和个人的前途更加不必忧虑，因为今天还没有过去，明天还没有到来。忧虑只会损伤个人的健康，没有一丁点儿好处。有人说：“今天的大事，到了明天都是小事；今年的大事，到了明年只是故事；今生的大事，到了宇宙都不是个事。”地球已经生活了 46 亿年，宇宙更是已经存在了 100 多亿年，创业者短短几十年的人生和地球、宇宙相比真是渺小得可以忽略不计。

所以，快乐对创业者来说非常重要。快乐地做好眼前、手边的事情，把自己的快乐同创业团队和公司员工一起分享，把创业的责任扛在肩上，把员工的困难当成自己的困难，努力寻找被社会、被别人需要的感觉会让自己越来越快乐。不能在情绪低落或不稳定的时候做任何与公司发展有关系的重要决定，也不要经常怀疑自己，总害怕做错了什么，即使真的做错了，也不要纠缠不已。错了就错了吧，肠子悔青了也没有用，以后找机会弥补就是。不要把个人的负面情绪带到公司，带给别人，因为在你情绪不稳定的时候，其他人的工作情绪对于事业的发展会更加重要。心情不好的时候，一个人慢慢调整，方法有很多，全看自己兴趣。出去打打球、跑跑步，出一身臭汗；爬爬山，看看日出，去海边听听涛声，大吼两声，都不错。

快乐是一种心境。刚开始创业的大学生不能整天紧锁眉头，想着：“我什么都没有，没有足够的投资，没有人脉关系，没有贵人相助。天啊，我该怎么办啊？”而是每天面带微笑，干劲十足：“我这么年轻，有的是机会，失败了怎么办？重新再来呗。”虽然，一个人不可能保证每一分钟都快乐，但只要注意及时调整情绪，学会从不同的角度看问题，就会尽量延长微笑的时间，保持好与忧虑的安全距离。

创业的快乐在街头随处可见，那种在各行各业间平起平坐的大气象真实而又温暖。宁波大学旁边有一家小小的奶茶店，店主是一位20岁左右的小伙子，朴实得就像院子里一棵矮矮的冬青树。店门两边贴着一副对联，不知道出自谁手，但一看就知道不是名家的字迹。对联句子上下对仗也不工整，似乎就是店主自己想起来的，但读起来却十分温暖。上联是：我们来自淳朴小乡村；下联是：想做城市无名耕耘者。店名就叫“无名奶茶”。马路边上有一家牛肉面店，上下班都要路过，虽然进去吃过后感觉味道一般，但店门口的广告语却经常更换，而且十分贴近心灵，每次经过都要抬头看看。记得冬天有个广告是“100℃的牛肉面”；春天有句广告语是“早上一碗牛肉面，保一天活力无限”；秋天有一句：“难舍这一‘面’之缘”；夏天写着：“牛肉面一碗，流汗又舒坦。”

第六节

创业与名利无关，只与幸福有关

行走在创业大路上的年轻人，不妨停下匆匆的脚步，在内心深处思考自己选择的这条路通向何处？终点是名利还是幸福？如果幸福就是终点，那么就把创业的过程当成目标，每天做自己喜欢做并且有能力做好的事情，即使最后并没有成为人们眼中所谓的“成功者”，但能够幸福地走完一生也是令无数人艳羡的事情。如果名利才是终点，那么背负着名利这个沉重的大包袱，痛苦和忧虑就像是办公室的不速之客，经常会自顾自跑进来找麻烦。成功蕴藏着许多人类自身都不能控制的诡异的偶然因素，太多的人虽然“吃了苦中苦”，而最终并没有得偿所愿地成为“人上人”。这种与名利如影随形的生活，不如主动离开。

佛说人生有 7 苦：生、老、病、死、怨憎会、爱别离、求不得。对于创业的年轻大学生来说，前面 6 苦还相对比较遥远，最后 1 苦“求不得”却最能折磨人。这个世界充满各种各样的诱惑，对于一腔创业热血的大学生来讲，自己拥有的东西实在太少，想要得到的东西又的确太多，每天在得与失之间徘徊，那种煎熬的滋味是局外人无法体会的。一旦前期的创业结果尚未达到个人的心理预期，自然而然就会心生忧虑。法国作家阿兰认为，烦恼和忧虑是年轻人容易患上的一种精神近视，很容易紧盯眼前的利益，只要多向远处看就能保持快乐的心情。很多时候，忧虑源自于对自己要求太高，对别人要求太高，或者倾向于追逐一些在当前无法实现的名和利。对年轻的大学生而言，创业绝对不是一件不得不做或是必须忍受的工作，而是一件充满快乐和诱惑的事情。

当然，当忧虑真正到来的时候，请不要惊慌，更不要奢望忧虑分分钟就会主动离开你，而是要淡定，积极寻求如何战败忧虑的武功秘籍，在真正降服忧虑之前学会与忧虑和平相处，不要被忧虑牵着鼻子走，而是要让忧虑跟在你的屁股后面一起行动。

浙江联盛投资（杭州）董事长邢积国一直对外宣称："我不想赚大钱，我爱时尚，我的追求只是将时尚融入每一个人的生活。"一个幸福的创业人的创业项目就是他自己的兴趣和爱好，工作的过程就是尽情享受生命的过程。邢积国就是因为喜欢时尚、喜欢漂亮的东西，又喜欢将美好的感觉传递给更多的人，才决定做家居产业。他每天的工作就是游历、体会、感动，然后通过自己的事业传递这种感动。

第七节

停下脚步清点创业的成果,更快乐地向前走

一些大学生在创业路上总是马不停蹄向前,眼睛瞄着马云、比尔·盖茨等创业神话,总觉得有太多的财富还需要去争取,自己和前面人的距离还很遥远。适时停下前进的脚步,回过头来,清点一下一路走来已经积累的财富,丢掉多余的垃圾才是继续创业道路的力量源泉,才是保持心情愉悦的神奇密码。

小时候在稻田里用镰刀割稻谷。田地很大,一大片金黄的稻谷在太阳下亮闪闪地直晃眼。刚拿起镰刀的时候,丰收的喜悦激起内心豪情万丈。但几个回合下来,四肢和腰越来越痛,信心也越来越少。每割几米长,总要直起腰往前看,看看前面还有多少稻子没有收割。很多时候是越看越气馁,只看到一片片金黄的稻子在秋风中轻轻摇摆,根本看不见离田埂还有多远。这时候,妈妈就告诉我,要回头去看。于是,我回头一看,地上躺着一排排、一堆堆整齐排列的稻谷,再和前面没有收割的稻谷相比,马上信心倍增。啊,我原来已经割掉那么多了,只要再努力一下下就可以全部完工啦! 于是,身体的每一个细胞都充满了力量,挥起雪亮的镰刀快速埋头向前。

创业的目标就像天边的星星,明亮、美丽,但却很遥远。刚刚踏上创业道路的时候,全身轻松、心情愉快。但越走越远就会发现需要背负的东西越来越多,脚步

越来越沉重，每走一步都要花费很大的力气，常常会感到力不从心。所以，创业的路途中需要经常给自己一点时间，清点一下背包中的行李，清点一下大脑中的思想。暂时不需要想的东西就把它放到一个角落保存起来，影响脚步前进速度的行李要坚决丢弃，不管它曾经给你带来多大的荣耀，不管它有着怎样的纪念意义，只有这样，才能减轻负担、轻装上路，才有心情欣赏路途前方的风景，心情才可以轻松快乐。如若一直向前看，用成功创业者的目标要求自己，鞭策自己，自己心情就会非常沉重和郁闷。

快乐是一种心情体验，和外在的物质财富之间不存在正相关。尤其对于处在生命和青春怒放期的大学生来说，健康的身体和愉悦的心情才是创业中最大的财富，也是那些成功人士艳羡的财富。

第八节

快乐面对所有缺憾和失败

大学生创业通常从小微团队起步，他们勤奋上进，但大多不开心。主要原因是不能正确地面对失败。理论上说，年轻的创业者是永远不会失败的，除非他主动放弃。因为失败后还有大把时间可以再奋斗，即使创业开始便取得巨大成功的人，也会遇到失败，乔布斯也曾被迫离开他一手创建的苹果公司。对于大学生而言，失败确实是件轻松平常的事情，只要认真做人，不违法乱纪，真的是没什么好输的。同失败后获取的宝贵经验相比，失去的那一点点金钱和时间实在不值一提。在艰苦的创业中，需要有一点点阿 Q 精神，善于从不好的事情中发现好的事情，善于把失败当成一种经历的快乐。既然已经失败了，再伤心也于事无补，对于无法改变的事情，快乐面对就好。

美国作家谢尔·西尔弗斯坦在其绘本《失落的一角》中讲述了一个发人深省的故事：一个圆缺了一个角，于是它唱着歌上路去寻找那个丢失的角。因为缺了一个角，那个圆走得很慢，但却有充足的时间欣赏了沿途的风景，所以它一路上非常快乐。然而，等到它找到缺失的那个角并成功吻合成一个完整的圆后走路的速度就越来越快了，想停都停不下来，根本没心情唱歌，也没有时间欣赏路边四季变化的风景，于是圆越来越不快乐。这个故事告诉我们，人生不需要太完整，只要快乐就好。人生的缺憾和失败有时候真的不需要去刻意弥补，只要在前进的道路上用心体会生命的味道，将曾经的不完整、不如意轻轻忽略。

大学生在创业中难免遇到一些走捷径成功的人，当他们在你身边炫耀的时候，不妨学学动物界中那些不起眼的蟋蟀，珍惜自己用汗水和智慧创造的成果，羡慕嫉妒别人除了打击自己的自信心，别无他益。住在洞穴中的蟋蟀一点都不嫉妒那些在空中翩翩起舞的各种各样的蝴蝶。相反，它们倒很怜惜这些美丽的小动物，因为它们没有固定的住所，总是过着漂泊不定的生活。蟋蟀从来不诉苦、不悲观，一向很乐观，积极向上，它对于自己拥有的房屋，以及它那把简单的小提琴都相当满意和欣慰。

大学生即使在创业中遇到不公平、不公正的待遇，也不能动摇自己当初选择创业的信念。那些没有经历过创业的辛苦，便能随随便便成功的人有可能像蝴蝶一样在你身边翩翩起舞，看似轻松自由，但他们的事业基础肯定没有你的牢固。也许，你花很多时间和力气只是筑成了一个像蟋蟀巢穴般大小的事业平台，但千万要记住，这个平台只属于你自己，即使一些困难会把你弄得疲惫不堪，但你拥有属于你自己的根据地，这是其他人无法比拟的。

后　　记

财经作家吴晓波认为我国在未来三五年内将迎来有史以来的最大创业潮。如今，这股不可阻挡的大潮已经汹涌而至，在岸边激起千堆雪，还立在岸上的大学生们也已被潮水溅湿了衣角，勾去了魂魄。时势造英雄，既然创业的时代已经来临，那我们还等什么？

为什么创业精神那么重要？

美国 Kauffman 基金会主席 Schramm 回答："创业精神是现代全球经济动力中最核心的部分之一。没有任何其他的力量具有如此的潜能来协助国家找到他们自己的创业者，来团结人们一道解决问题和创造财富，来帮助国家建设他们自己的创业经济。"

为什么弘扬创业精神那么重要？

马云回答："弘扬优秀创业精神是 2000 年来中国在思想领域的一大进步。中国经济要真正转型，决定性因素在于国家能否激发年轻人的创业精神，并打造合适的环境，让这种精神发扬光大。"

为什么大学生创业精神那么重要？

笔者尝试回答："中国人的创业精神是民族的、科学的、大众的，也是不断发展和变化的，需要不断的凝练和升华。只有细致研究大学生创业精神才能帮助年轻人实现青春梦想，更好地传承和发扬老一辈的创业精神，顺利重构新一代创业精神和国家精神，推动我国经济社会良性发展。”

大学生的创业生活是浪漫的、唯美的，有一种不成熟的热情，还透着一股生涩耀眼的春意。

本书的重点不是对大学生创业精神的学术钻研和历史考证，而是对大学生创业精神的普及和传播。书中那些或清晰或模糊的脸庞都是在创业的道路上提灯夜行的勇者，成功与失败都将是过眼云烟，但伟大的梦想、勇敢的心和璀璨的青春都值得永远铭记。

虽然，正如韩寒电影《后会无期》中那句著名的台词所说：“听过很多道理，却依然过不好这一生。”我们从小到大，读过很多关于人生的书，听过许多别人的故事，看过很多别人的生活状态。但终究，人生的路必须自己去走，自己去经历、去体验，别人无法替代。大学生的人生还有很多空白，未来充满未知，必须去经历、去挫折、去感受。本书没有足够大的能量让孩子们快乐地走好人生的每一步，唯希望能有读者闲下来的时候读上一两页，把书当成一面小镜子，看看自己的表情，想好下一步怎么走。

由于笔者创业理论和写作水平能力有限，书中难免会出现错误和疏漏，敬请各位专家学者批评指正。

本书获得浙江省社科联科普项目一般项目资助，特此感谢。本书亦得到宁波大学师生的大力帮助，在此一并感谢。

丁爱侠于宁波大学

2016 年 5 月 17 日